rororo

rororo sport Herausgegeben von Bernd Gottwald

Kurt Braunmüller

Tanzen

Die wichtigsten Schritte für Anfänger und Wiedereinsteiger

Rowohlt

Redaktion Katrin Helmstedt

8. Auflage Mai 2004

Originalausgabe
Veröffentlicht im Rowohlt
Taschenbuch Verlag,
Reinbek bei Hamburg, April 1997

Printed in Germany
ISBN 3 499 19451 1

Umschlaggestaltung
Peter Wippermann / Jürgen Kaffer
(Foto: Comstock)
Grafik Jörg Mahlstedt
Typografie Iris Farnschläder
Satz ITC Veljovic PostScript,
QuarkXPress 3.32
Gesamtherstellung
Clausen & Bosse, Leck

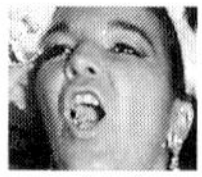

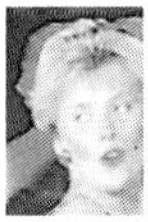

Tanzen – eine einzigartige Mischung aus Erotik und Spaß

Temperamentvoll und keck, majestätisch und elegant, feurig und erotisch – das ist Tanzen. Toben Sie sich aus beim Jive, schwingen Sie im Takt des Wiener Walzers in raumgreifenden Schritten über das Parkett, oder genießen Sie es, sich bei der Rumba verführen zu lassen. Für jede Stimmung und für jeden Typ gibt es den passenden Tanz.

Tanzen ist Ausdruck purer Lebensfreude, eine Wohltat für Körper und Seele. Und es regt den Geist an. Blitzschnell müssen Situationen wahrgenommen und analysiert werden, die eine sofortige Reaktion verlangen.

Das Besondere am Tanzen ist, daß Sie sich zu zweit vergnügen. Der Herr kann ganz offen um seine Dame werben, während diese tänzerisch ihre Zuwendung oder Abneigung, Hingabe oder Flucht ausdrückt. Gemeinsam schwingt oder swingt man über das Parkett. Sie werden sensibel für die Bewegungen Ihres Partners und erleben hautnah den ständigen Wechsel von Ruhe und Dynamik, Anspannung und Entspannung. Genießen Sie die individuelle Stimmung jedes einzelnen Tanzes und die Lebenslust, die jeder Tanz auf seine Art ausstrahlt – spritzig und ausgelassen oder erotisch knisternd.

Dieses Buch richtet sich an all diejenigen, die eine Erinnerungsstütze für die in der Tanzschule erlernten Figuren suchen, die zu Hause üben und sich vielleicht sogar neue Tanzfolgen zusammenstellen wollen. Jeder Anfänger und jeder Wiedereinsteiger findet gezielt dort Hilfe, wo es noch «hakt». Viel Spaß!

Die offenen und die geschlossenen Tänze

Man spricht von Standardtänzen und versteht darunter die geschlossenen Tänze – hier kommen Sie sich näher. Mit mehr oder weniger Abstand stehen Sie sich gegenüber. Die Dame legt ihren linken Arm auf den rechten Arm des Herrn, ihre rechte Hand wird von seiner linken Hand umfaßt – vertrauensvoll begibt sie sich in seine Führung. Langsamer Walzer, Wiener Walzer, Foxtrott und Tango sind geschlossene Tänze. Hier stehen sich beide Tanzpartner, etwas nach links versetzt, gegenüber, gerade so weit, daß der rechte Fuß in der Vorwärtsbewegung immer zwischen die Füße des Partners kommt. Mit dem linken Fuß gehen Sie am Partner vorbei.
Die Lateinamerikanischen Tänze werden auch als

offene Tänze bezeichnet. Hier haben Sie größeren Abstand zum Partner. Temperamentvoll und keck entwickeln Sie mehr Eigenleben. Oft wird die Tanzhaltung gelöst, und Sie halten sich nur an einer Hand gefaßt, während Sie einen Promenadenschritt, ein Damensolo oder eine Platzdrehung ausführen. Lateinamerikanische Tänze sind Rumba, Samba, Cha-Cha-Cha, Mambo / Salsa, Paso doble und Jive. Bei diesen Tänzen tobt man sich aus, hier wird geflirtet.

Die Führung übernimmt der Herr

Die Führung ist das Entscheidende beim Tanzen, und hier ist die Rolle ganz klar: Der Herr hat die Aufgabe, der Dame eindeutige Impulse zu geben. Die Dame führt danach möglichst schnell und eigenständig ihre Bewegungen aus.

Bei den geschlossenen Tänzen, z. B. Langsamer Walzer, hat der Herr drei Berührungspunkte, um seine Dame zielgerecht zu führen: die linke Hand, den rechten Arm und seinen Körper. Bei den offenen Tänzen, z. B. Cha-Cha-Cha, liegt der Schwerpunkt der Führung mehr auf Arm- und Handbewegungen.

Ganz wichtig für beide Partner ist die innere Muskelspannung, um Impulse geben und empfangen zu können. Ist die Dame spannungslos, kann der Herr sie nicht führen. Ist der Herr ohne Spannung, fehlt der Dame der Antrieb. Eine wache Körperspannung bildet die Basis dafür, daß ein Paar wirklich *zusammen* tanzt.

Tanzen erfordert Konzentration

Drei Elemente müssen beim Tanzen koordiniert werden: die Tanzschritte, die Führung und die Musik.

Daraus ergibt sich eine Vielzahl von Gestaltungs- und Ausdrucksmöglichkeiten. Ihr Gehör ist gefordert, den Rhythmus der Musik wahrzunehmen. Ihr Gehirn muß diesen Rhythmus umlenken – Ihre Füße marschieren. Und der Partner möchte auch noch wissen, wie. Und es gibt eine Verkehrsregel – eine Tanzrichtung, die von allen eingehalten werden sollte. Diese Verkehrsrichtung verläuft gegen den Uhrzeigersinn, es ist also Linksverkehr angesagt. Bis auf wenige Platztänze, z. B. Cha-Cha-Cha, bewegen sich die Tänze in diese Tanzrichtung.

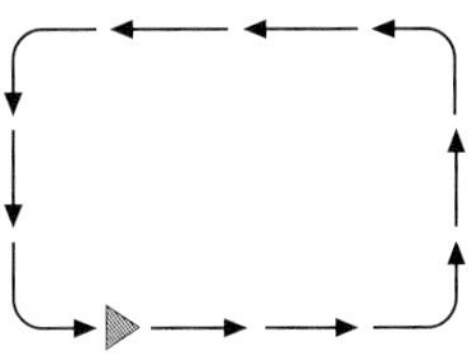

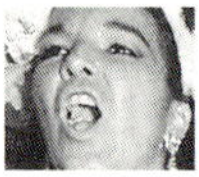

Eins, zwei, Wiegeschritt

Blättern Sie erst einmal das Buch durch, und versetzen Sie sich in Stimmung. Haben Sie Ihren Lieblingstanz gefunden? Dann fangen Sie am besten mit diesem an.

Lassen Sie sich zunächst auf den Tanz einstimmen, bevor Sie etwas über die Geschichte des Tanzes erfahren und sich dann über das typische Schrittmuster dieses Tanzes und den Takt, nach dem er getanzt wird, informieren.

Schritt für Schritt die Bewegung erleben

Schauen Sie sich die erste Figur an, und lesen Sie zu jedem Schritt genau die Beschreibung durch. Sie sehen, jede Figur wird einmal aus der Sicht der Dame und einmal aus der Sicht des Herrn dargestellt. Erst wenn Ihnen allein und paarweise klar ist, wie die Tanzschritte gehen, und Sie nicht mehr in der Bewegung stocken, machen Sie sich auch das Tempo klar, in dem die einzelnen Schritte getanzt werden. Und nun geht's los – zunächst ohne Partner und ohne Musik.
Folgen Sie den Anleitungen Schritt für Schritt und gehen Sie langsam vor. Wenn Sie ein Gefühl des Nichtkönnens oder Verzweifeln plagt, wenn Sie gereizt werden, dann sind Sie zu schnell von einem Schritt zum nächsten gesprungen. Gehen Sie wieder zum Anfang zurück und üben Sie langsam, bis Sie jeden einzelnen Schritt nachvollziehen können. Erst wenn Ihnen die Figur wirklich klar ist, versuchen Sie, mit Ihrem Partner / Ihrer Partnerin zusammen, die Figur zu tanzen. Auch er / sie sollte sich zuerst selbst ein Bild von dem Tanz gemacht haben. Gehen Sie langsam vor, Geschwindigkeit kommt im Laufe der Zeit von ganz allein.

Tanzen Sie mit Ihrem Partner zunächst ohne Musik. Achten Sie nun darauf, daß sich das Zeitmaß Ihrer langsamen Schritte und schnellen Schritte deutlich unterscheidet. Für einen langsamen Schritt sollten Sie sich soviel Zeit nehmen wie für zwei schnelle Schritte. Erst wenn Ihre Bewegungen harmonisch sind, wenn Sie beide die Figur sicher tanzen können, nehmen Sie Musik dazu.

Tanzen mit Musik – so finden Sie den richtigen Einstieg

Am Ende jedes Kapitels finden Sie Musikvorschläge, die Ihnen das «Einhören» in das typische Klangbild jedes einzelnen Tanzes erleichtern sollen. Deutlich können Sie das Tempo

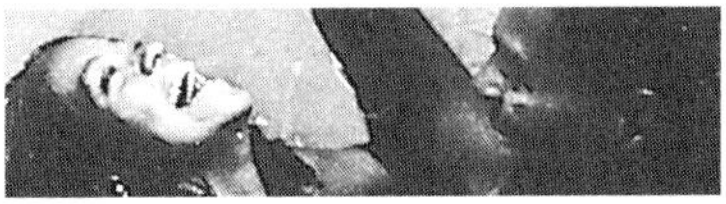

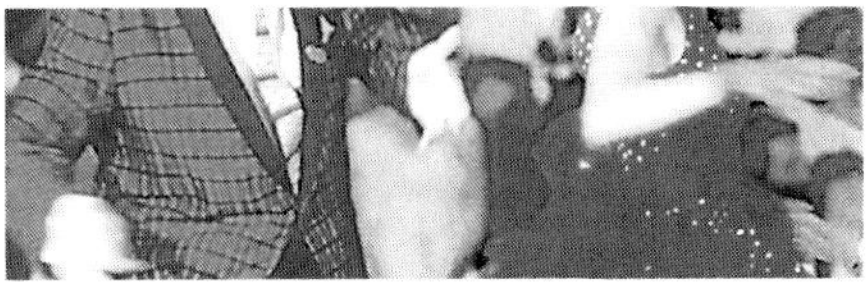

dabei heraushören. Doch wie erkennen Sie den Takt?
Hören Sie verschiedene Musikstücke zuerst einmal in Ruhe an. Erkennen Sie dabei die Schwerpunkte, die in der Musik liegen. Gerade die unterschiedlichen Betonungen sind es, die das typische Klangbild eines Walzers, eines Rock & Roll oder einer Samba ausmachen. Und – haben Sie an einigen Stellen schon zu zucken begonnen?

Wie finden Sie nun den Einstieg mit Ihren Tanzschritten auf Musik? Auch hier ist geraten, es zuerst langsam anzugehen. Beginnen Sie mit dem Grundschritt. Sie haben ihn ja bereits allein und dann paarweise geübt, Sie stimmten das Tempo bereits ohne Musik ab, und jetzt kommt Geräusch dazu. Lassen Sie sich nicht hetzen; wenn Sie können, drehen Sie den Geschwindigkeitsregler an Ihrer Musikanlage herunter, oder benutzen Sie zunächst langsamere Musik. Dann legen Sie los und probieren Ihre Basis so lange aus, bis sie sich zu einem harmonischen Ablauf entwickelt.

Falls dennoch Schwierigkeiten auftreten, nicht verzweifeln. Hier noch ein Tip: Es gibt als weitere Hilfestellung eine «Einzähl-Musik». Hierbei werden die Tänze klar, deutlich und etwas langsamer als die normale Geschwindigkeit abgespielt, und ein «Einzähler» hilft Ihnen in Ihre Bewegung. (Auf Seite 190 finden Sie die Bezugsquellen dieser Musik.) Oder treffen Sie sich mit Freunden und Bekannten, feiern Sie ein Fest mal anders – tanzen Sie. Und im übrigen sind da ja auch noch die Tanzlehrer, sie helfen Ihnen gern mit Rat und Tat, sei es im Tanzkurs oder in der Privattanzstunde.

Seien Sie kreativ – die Tanzfolge

Im Anschluß an die einzelnen Figuren finden Sie das Kapitel «Tanzfolgen». Hier erhalten Sie drei Vorschläge. Tanzfolge 1 beschreibt eine leichtere Figurenreihenfolge für Anfänger und Wiedereinsteiger. Tanzfolge 2 ist für die etwas Fortgeschritteneren, also etwas schwerer als Tanzfolge 1. Und dann – seien Sie kreativ und stellen Sie sich Ihre eigene Tanzfolge zusammen. Dazu nehmen Sie die Basis des Tanzes auseinander, verwenden die Tips über verschiedene Möglichkeiten und setzen Ihre Führung gezielt ein, um den Tanz individuell zu gestalten.
Die «kreative Tanzfolge» ist für diejenigen gedacht, die Tanzfolge 1 und 2 mühelos anwenden können.

Zeichenerklärung

Herrenschritt | Damenschritt

Ausgangsposition
(in Grau der Schritt
des Partners)

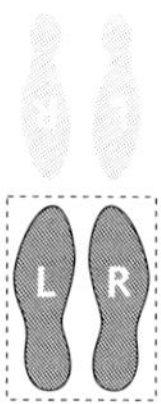

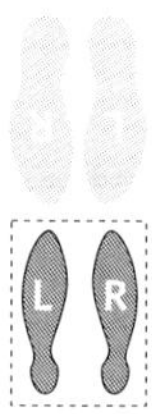

Langsamer Schritt

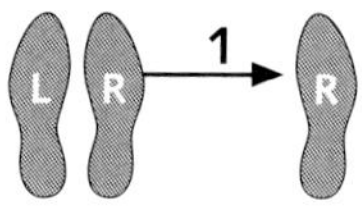

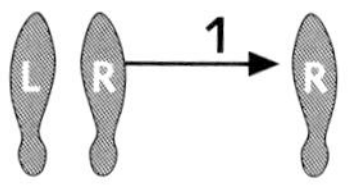

Schneller Schritt

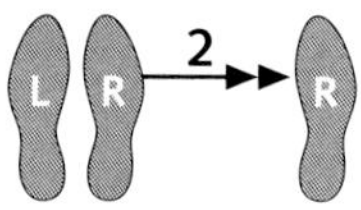

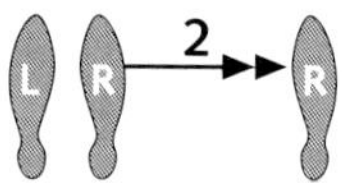

Anheben und Absetzen
auf der Stelle

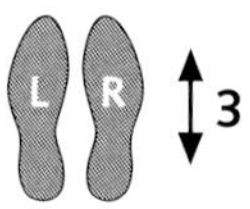

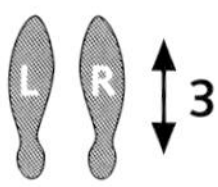

Herrenschritt Damenschritt

Drehung

Tip: kurzes Aufsetzen des
Fußes ohne Belastung

Kick: Fußbewegung
ohne Absetzen

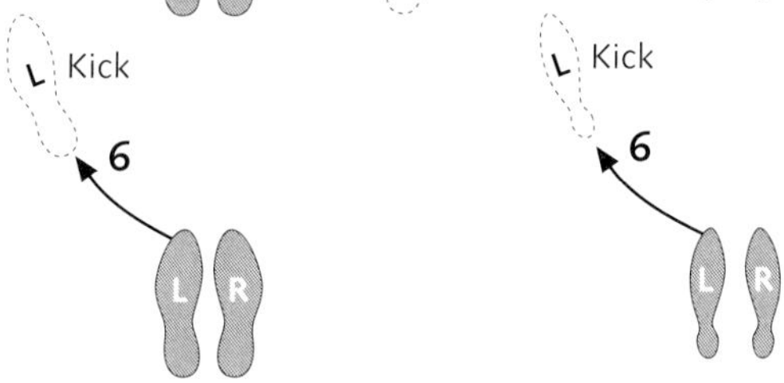

Langsamer Walzer

Stellen Sie sich einen lauen Herbsttag vor. Der leichte, warme Wind bläst Blätter von den Bäumen, die tänzelnd zu Boden wehen.
Die Blätter drehen sich fast gleichmäßig rundherum, bis sie den Boden erreicht haben.

Sie fühlen sich wohl und genießen den Duft, der in der Luft liegt.

In dieser Stimmung sollten Sie sein, wenn Sie den Langsamen Walzer tanzen. Erhaben schreiten Sie über das Parkett. Stolz und elegant wirkt Ihre aufrechte Körperhaltung, während Sie in gleichmäßigen Bewegungen langsam und anmutig durch den Raum schwingen.

Der Langsame Walzer, aufgrund seines englischen Einflusses auch Englischer Walzer oder English Waltz genannt, gehört zur Familie der Walzer, der Dreh-Paartänze im Dreivierteltakt. Rund-Paartänze gab es im alpenländischen und süddeutschen Raum bereits im Mittelalter. Bis zum 19. Jahrhundert tanzte man im langsamen Dreiviertel- oder Dreiachteltakt den Deutschen Dreher, auch als Ländler, Landler oder Länderer bezeichnet. Aus diesem geschlossenen Paartanz entwickelte sich der Langsame Walzer, der im Jahre 1929 als Gesellschaftstanz eingeführt wurde. Einst gehässig als «Abartigkeit» des Wiener Walzers bezeichnet, ermöglicht dieser erholsame Tanz eine abwechslungsreiche Entspannung zwischen sehr schnellen Tänzen.

Bei diesem Walzer ist das Zeitmaß der Schritte langsam. Sie haben durchschnittlich 30 Takte pro Minute, was bedeutet, daß Sie in einer Minute gleichmäßig und gemütlich 90 Schritte ausführen.

Die Betonung dieses Dreivierteltaktes liegt auf dem ersten Takt. Mit einem etwas größeren Schritt schwingen Sie in Ihre Tanzfigur. Die Basis des Tanzes ist ein größerer Vorwärts- oder Rückwärtsschritt, dem ein gleichmäßig ausgeführtes «Seit-Schluß» folgt.

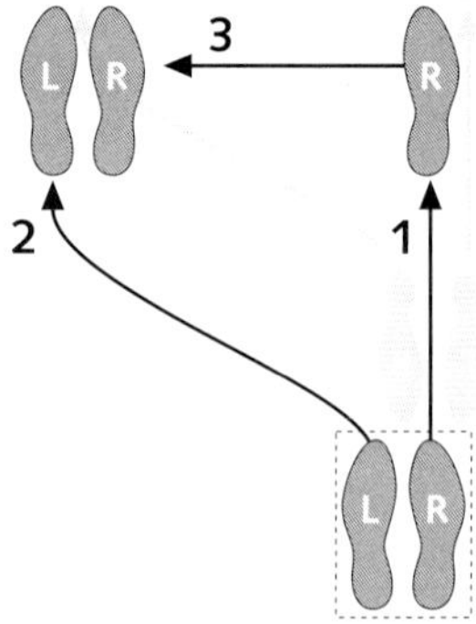

Basis für die Rechtsdrehung
Herrenschritt

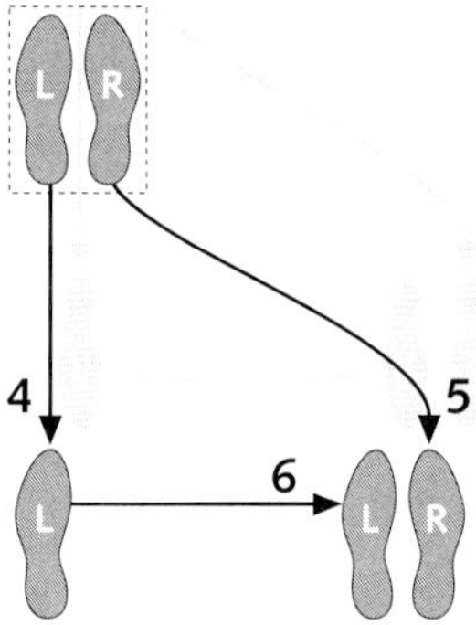

1 rechter Fuß vorwärts
langsam

2 linker Fuß seitwärts
langsam

3 rechter Fuß schließt zum linken Fuß
langsam

4 linker Fuß rückwärts
langsam

5 rechter Fuß seitwärts
langsam

6 linker Fuß schließt zum rechten Fuß
langsam

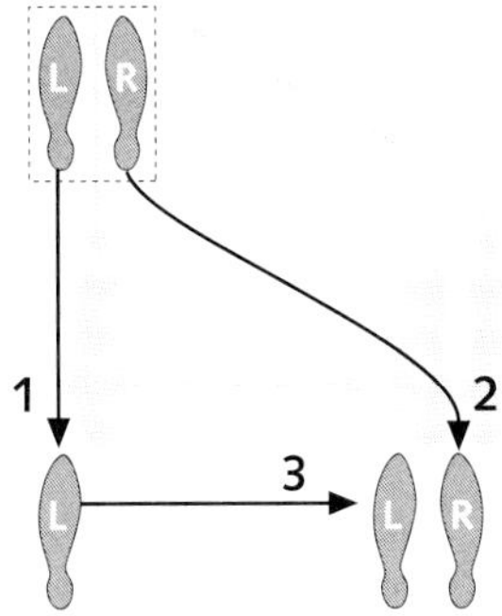

Basis für die Rechtsdrehung

Damenschritt

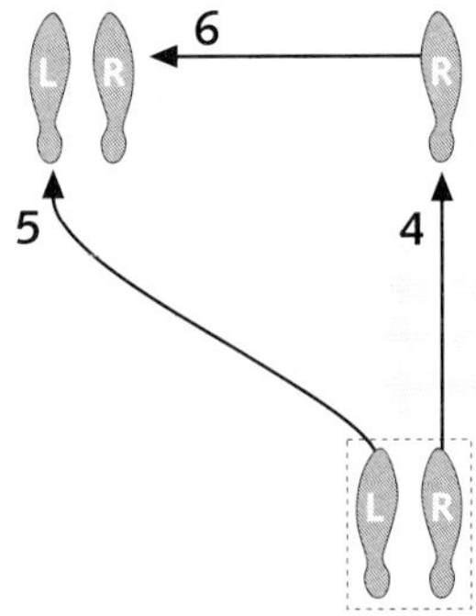

1 linker Fuß rückwärts
langsam

2 rechter Fuß seitwärts
langsam

3 linker Fuß schließt zum rechten Fuß
langsam

4 rechter Fuß vorwärts
langsam

5 linker Fuß seitwärts
langsam

6 rechter Fuß schließt zum linken Fuß
langsam

Dieser Grundschritt wird in Vierteldrehungen nach rechts ausgeführt. Fortgeschrittene können bis zu einer halben Drehung anvisieren.

Rechtsdrehung aus Vierteldrehungen
Herrenschritt

1 rechter Fuß vorwärts (Drehbeginn) *langsam*

2 linker Fuß seitwärts (weiterdrehen) *langsam*

3 rechter Fuß schließt zum linken Fuß *langsam*

4 linker Fuß rückwärts (Drehbeginn) *langsam*

5 rechter Fuß seitwärts (weiterdrehen) *langsam*

6 linker Fuß schließt zum rechten Fuß *langsam*

7 rechter Fuß vorwärts (Drehbeginn) *langsam*

8 linker Fuß seitwärts (weiterdrehen) *langsam*

9 rechter Fuß schließt zum linken Fuß *langsam*

10 linker Fuß rückwärts (Drehbeginn) *langsam*

11 rechter Fuß seitwärts (weiterdrehen) *langsam*

12 linker Fuß schließt zum rechten Fuß *langsam*

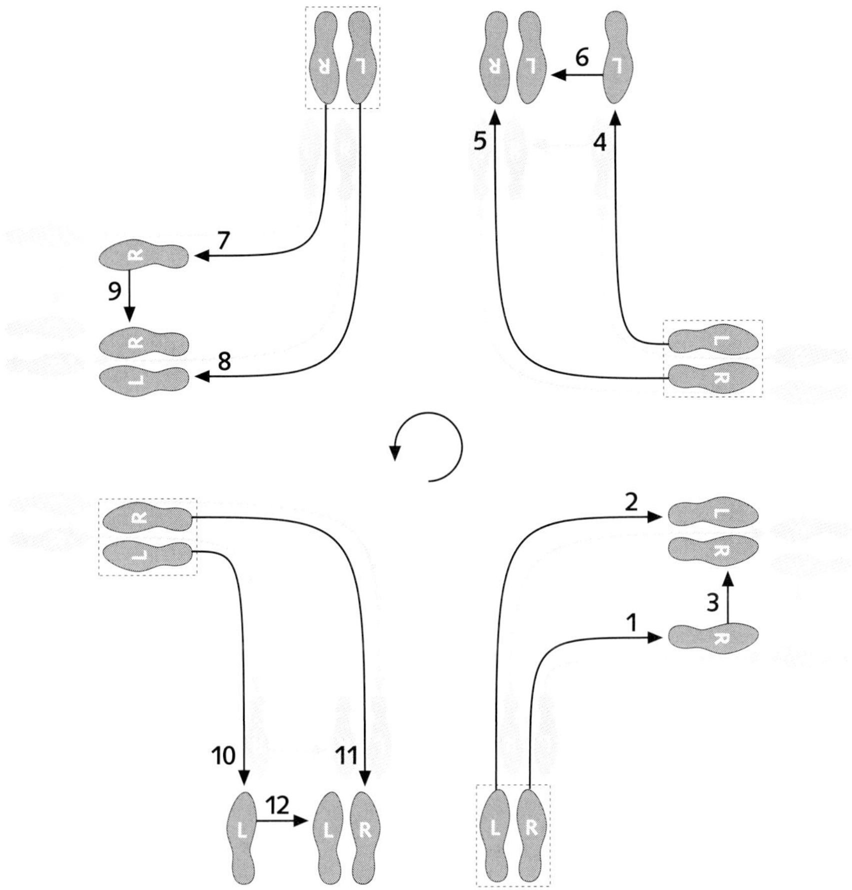

R
L
L
R
L
R
L
R
R
L
L
R
L
R
R
L
L
R
L
R
L
R
1
2
3
4
5
6
7
8
9
10
11
12

Rechtsdrehung aus Vierteldrehungen
Damenschritt

1 linker Fuß rückwärts (Drehbeginn)
langsam

2 rechter Fuß seitwärts (weiterdrehen)
langsam

3 linker Fuß schließt zum rechten Fuß
langsam

4 rechter Fuß vorwärts (Drehbeginn)
langsam

5 linker Fuß seitwärts (weiterdrehen)
langsam

6 rechter Fuß schließt zum linken Fuß
langsam

7 linker Fuß rückwärts (Drehbeginn)
langsam

8 rechter Fuß seitwärts (weiterdrehen)
langsam

9 linker Fuß schließt zum rechten Fuß
langsam

10 rechter Fuß vorwärts (Drehbeginn)
langsam

11 linker Fuß seitwärts (weiterdrehen)
langsam

12 rechter Fuß schließt zum linken Fuß
langsam

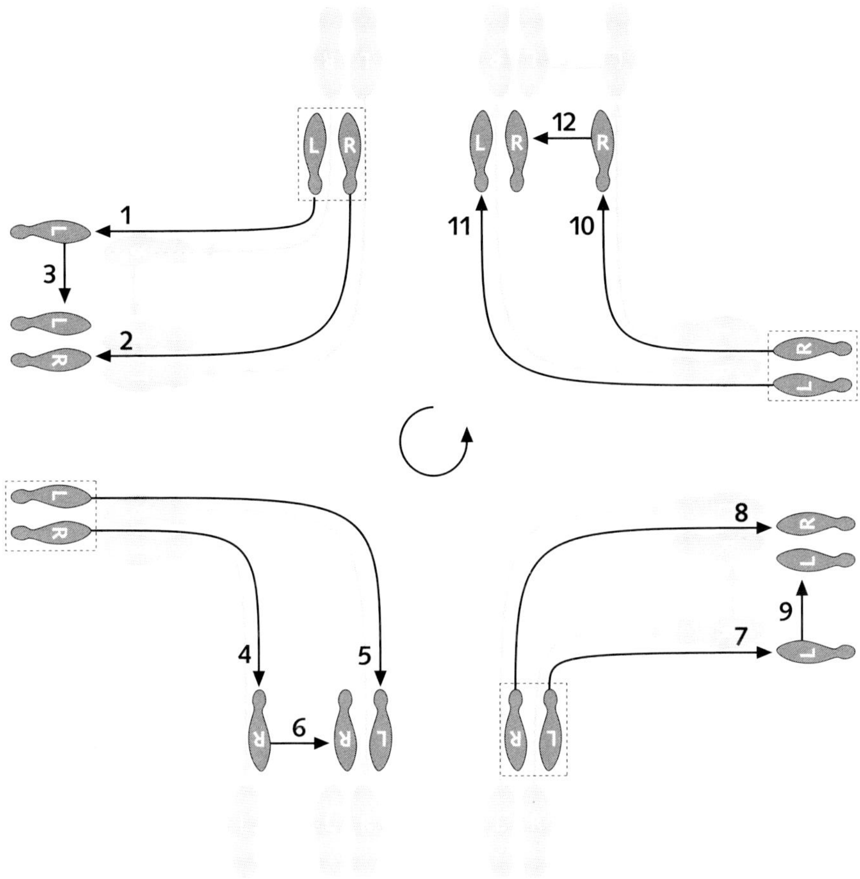
L
R
1
2
3
L
L
R
L
R
12
R
11
10
R
L
L
R
4
5
R
6
R
L
8
R
L
9
7
L
R
L

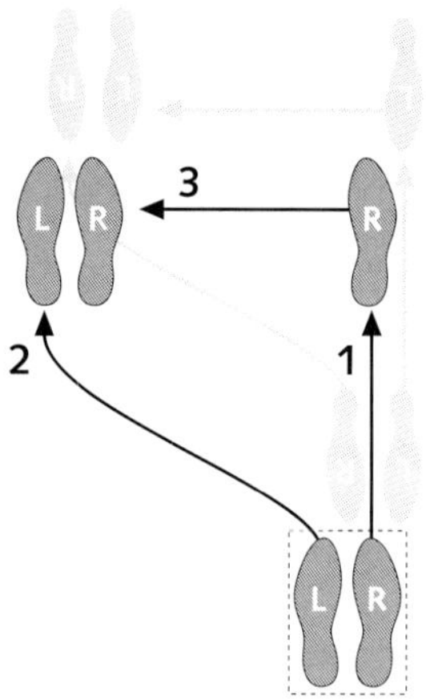

Übergang von rechts nach links
Herrenschritt

1 rechter Fuß vorwärts
langsam

2 linker Fuß seitwärts
langsam

3 rechter Fuß schließt zum linken Fuß
langsam

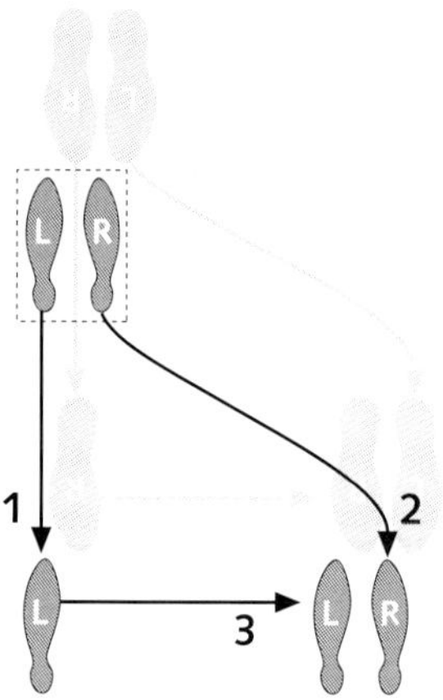

Übergang von rechts nach links
Damenschritt

1 linker Fuß rückwärts
langsam

2 rechter Fuß seitwärts
langsam

3 linker Fuß schließt zum rechten Fuß
langsam

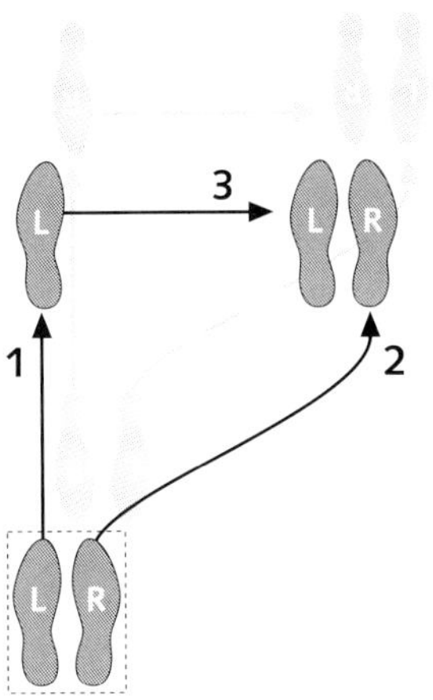

Übergang von links nach rechts
Herrenschritt

1 linker Fuß vorwärts
langsam

2 rechter Fuß seitwärts
langsam

3 linker Fuß schließt zum rechten Fuß
langsam

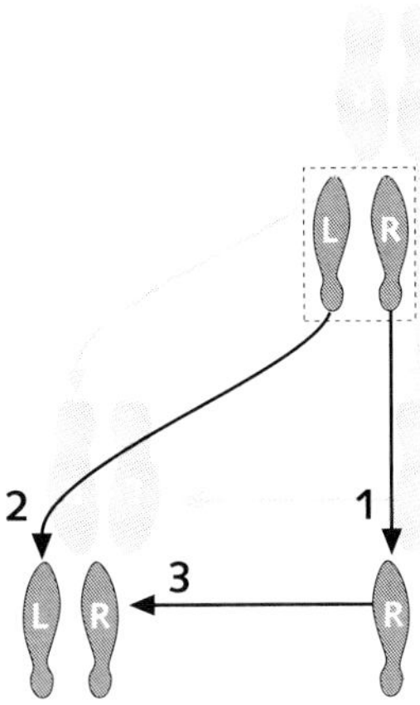

Übergang von links nach rechts
Damenschritt

1 rechter Fuß rückwärts
langsam

2 linker Fuß seitwärts
langsam

3 rechter Fuß schließt zum linken Fuß
langsam

Die Übergänge werden als Verbindungen zwischen Rechts- und Linksdrehungen (und umgekehrt) benutzt. Man kann verschiedene Übergänge hintereinander tanzen und so schnell aus der «Gefahrenzone» flüchten, wenn man durch andere Paare in Bedrängnis geraten ist.

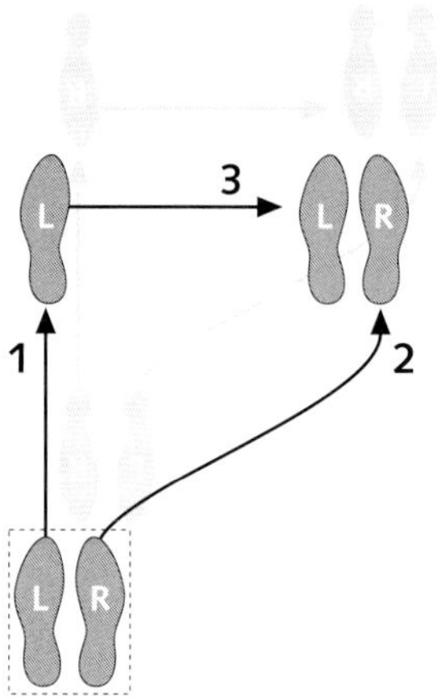

Basis für die Linksdrehung
Herrenschritt

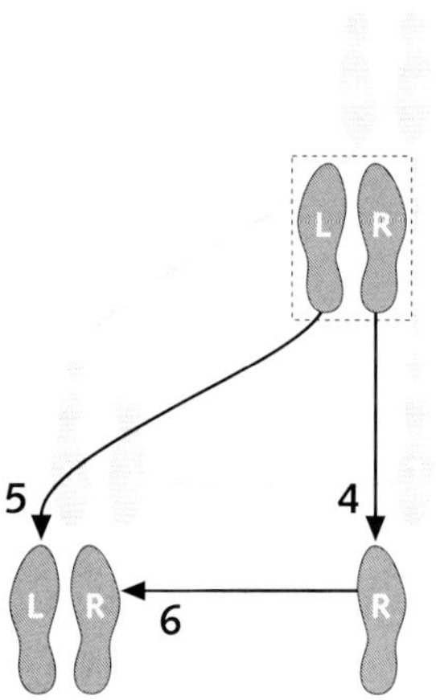

1 linker Fuß vorwärts
langsam

2 rechter Fuß seitwärts
langsam

3 linker Fuß schließt zum rechten Fuß
langsam

4 rechter Fuß rückwärts
langsam

5 linker Fuß seitwärts
langsam

6 rechter Fuß schließt zum linken Fuß
langsam

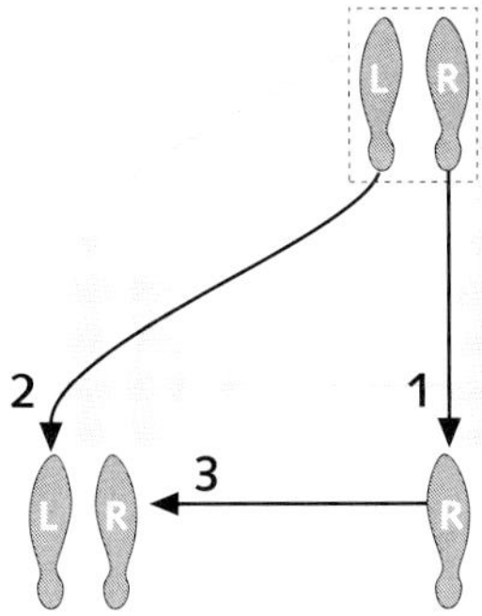

Basis für die Linksdrehung
Damenschritt

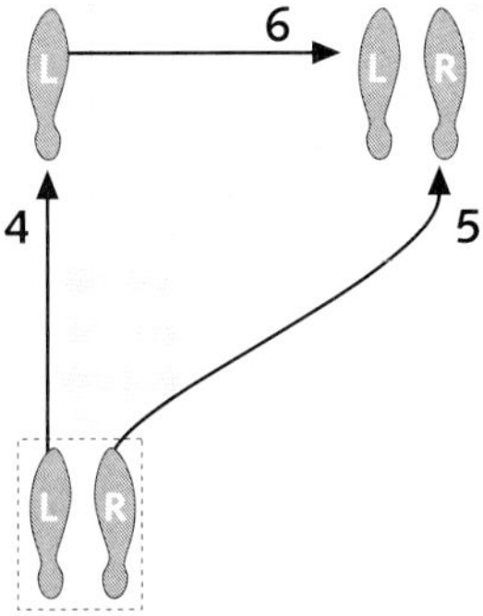

1 rechter Fuß rückwärts
langsam

2 linker Fuß seitwärts
langsam

3 rechter Fuß schließt zum linken Fuß
langsam

4 linker Fuß vorwärts
langsam

5 rechter Fuß seitwärts
langsam

6 linker Fuß schließt zum rechten Fuß
langsam

Die Basis für die Linksdrehung wird in Vierteldrehungen nach links ausgeführt. Fortgeschrittene können aber auch bis zu halbe Drehungen tanzen.

Linksdrehung aus Vierteldrehungen
Herrenschritt

1 linker Fuß vorwärts (Drehbeginn) *langsam*

2 rechter Fuß seitwärts (weiterdrehen) *langsam*

3 linker Fuß schließt zum rechten Fuß *langsam*

4 rechter Fuß rückwärts (Drehbeginn) *langsam*

5 linker Fuß seitwärts (weiterdrehen) *langsam*

6 rechter Fuß schließt zum linken Fuß *langsam*

7 linker Fuß vorwärts (Drehbeginn) *langsam*

8 rechter Fuß seitwärts (weiterdrehen) *langsam*

9 linker Fuß schließt zum rechten Fuß *langsam*

10 rechter Fuß rückwärts (Drehbeginn) *langsam*

11 linker Fuß seitwärts (weiterdrehen) *langsam*

12 rechter Fuß schließt zum linken Fuß *langsam*

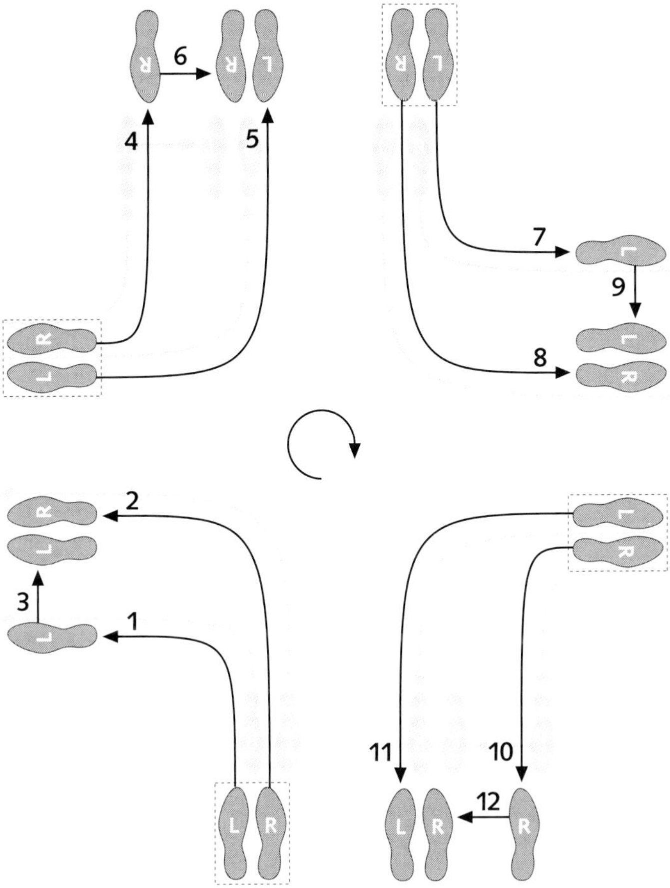

6
4
5
7
9
8
2
3
1
11
10
12

Linksdrehung aus Vierteldrehungen
Damenschritt

1 rechter Fuß rückwärts (Drehbeginn) *langsam*

2 linker Fuß seitwärts (weiterdrehen) *langsam*

3 rechter Fuß schließt zum linken Fuß *langsam*

4 linker Fuß vorwärts (Drehbeginn) *langsam*

5 rechter Fuß seitwärts (weiterdrehen) *langsam*

6 linker Fuß schließt zum rechten Fuß *langsam*

7 rechter Fuß rückwärts (Drehbeginn) *langsam*

8 linker Fuß seitwärts (weiterdrehen) *langsam*

9 rechter Fuß schließt zum linken Fuß *langsam*

10 linker Fuß vorwärts (Drehbeginn) *langsam*

11 rechter Fuß seitwärts (weiterdrehen) *langsam*

12 linker Fuß schließt zum rechten Fuß *langsam*

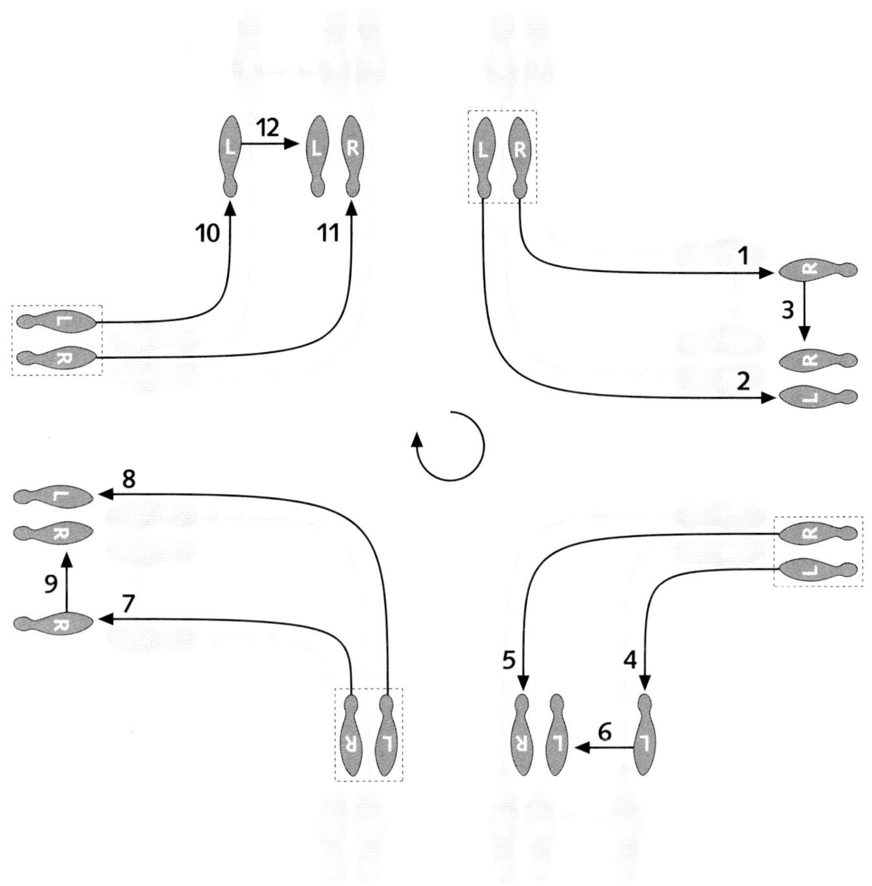

12
L
L
R
L
R
10
11
1
R
3
R
2
L
L
R
8
L
R
9
R
7
R
L
5
4
R
L
6
L

Tanzfolgen

Tanzfolge 1
Sie tanzen:
vier Viertelrechtsdrehungen, dann dreimal den Übergang, vier Viertellinksdrehungen und dreimal den Übergang.

Tanzfolge 2
Sie tanzen:
zwei halbe Rechtsdrehungen, einmal den Übergang, zwei halbe Linksdrehungen und einmal den Übergang.

Seien Sie kreativ
Das Schrittmuster des Langsamen Walzers ist: «Schritt – Seit – Schluß». Sie beginnen entweder mit dem rechten Fuß vorwärts oder rückwärts oder mit dem linken Fuß rückwärts oder vorwärts. Danach folgt ein «Seit-Schluß».

Nach jedem «Seit-Schluß» starten Sie, je nachdem, welcher Fuß frei ist, vorwärts oder rückwärts in den neuen Tanzschritt. Ist z. B. Ihr rechter Fuß frei und Sie gehen vorwärts, dann befinden Sie sich in der Basis für Rechtsdrehungen. Diese können Sie mehr oder weniger drehen. Gehen Sie jedoch rechts zurück, befinden Sie sich im zweiten Teil der Basis für die Linksdrehungen (Schritt 4). In beiden Fällen ändert sich die Drehrichtung. Beim Rückwärtsschritt drehen Sie nach links, beim Vorwärtsschritt nach rechts.

Musikvorschläge

I wonder why
Curtis Stigers
All cried out
Alison Moyet
True Love
Harry Belafonte / Hallen Records
The Last Waltz
Engelbert
Dancing on a cloud
Günter Noris

Foxtrott

Denken Sie an «Schmidtchen Schleicher» – ja den, mit den elastischen Beinen, der so gefährlich mit den Knien federn kann –, und schon sind Sie mittendrin, im Foxtrott.

Übersetzen Sie das Wort «Foxtrott», erfahren Sie bereits etwas über den Charakter dieses Tanzes: der Foxtrott – der Fuchsgang! Listig wie ein Fuchs machen Sie Ihr Opfer aus und jagen in gekonnten, zackigen Bewegungen mit ihm übers Parkett. Aus der geschmeidigen Schieber-Bewegung heraus drehen Sie sich plötzlich mit dem Partner am Platz, um eine ganz andere Fährte ins Visier zu nehmen. Locker tanzen Sie vor und zurück, drehen Ihre Haken, und nur hin und wieder unterbrechen Sie durch einen schnellen «Seit-Schluß».

Aus Amerika kam dieser lebhafte Tanz im Jahre 1917 nach Europa. Um 1937 versuchte die Reichsmusikprüfstelle ihn durch enorme Geldstrafen aus der national gesinnten Tanzszene zu verbannen.

Man sah in diesem «Neuankömmling» einen «Revoluzzer» mit schlechtem Einfluß auf Sitte und Moral in den eleganten Tanzhäusern. Die schiebenden Vorwärts- und Rückwärtselemente paßten nicht zu walzendem Volk.

Ein Blick auf das heutige Tanzparkett zeigt, daß diese Maßnahmen erfolglos waren. Es wird in alle Richtungen geschoben. Schon circa dreißig Jahre vor der Jahrhundertwende setzten Tanzpaare mit ihrer «schiebenden Gangart geradeaus» einen Grundpfeiler für viele spätere Tänze.

Der Foxtrott ist ein Gesellschaftstanz im Viervierteltakt, der sowohl für viel als auch für wenig Platz unbegrenzte kreative Gestaltungsmöglichkeiten bietet.

Charakteristisch für den Foxtrott sind die langsam ausgeführten Vorwärts- und Rückwärtsschritte. Hiermit geben Sie die Richtung an. Drehungen, nach rechts oder links, setzen Höhepunkte im Bewegungsstil.

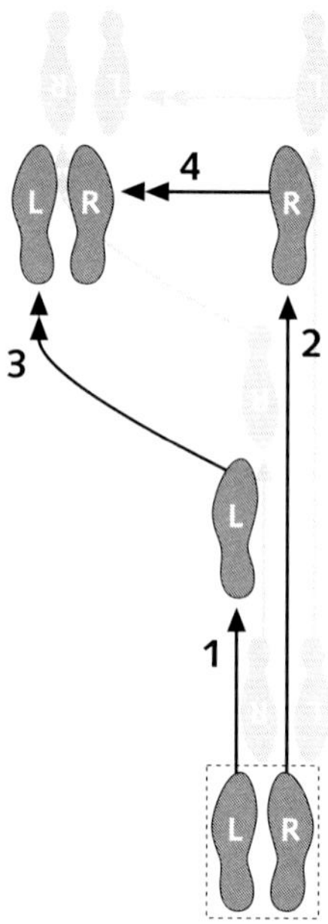

Grundschritt

Herrenschritt

1 linker Fuß vorwärts
langsam

2 rechter Fuß vorwärts
langsam

3 linker Fuß seitwärts
schnell

4 rechter Fuß schließt zum linken Fuß
schnell

5 linker Fuß rückwärts
langsam

6 rechter Fuß rückwärts
langsam

7 linker Fuß seitwärts
schnell

8 rechter Fuß schließt zum linken Fuß
schnell

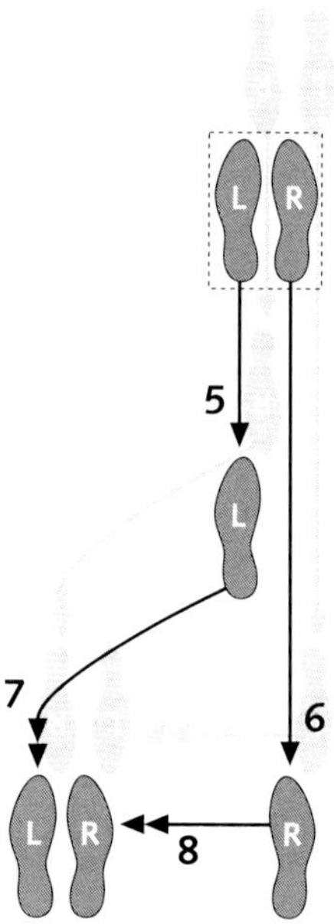

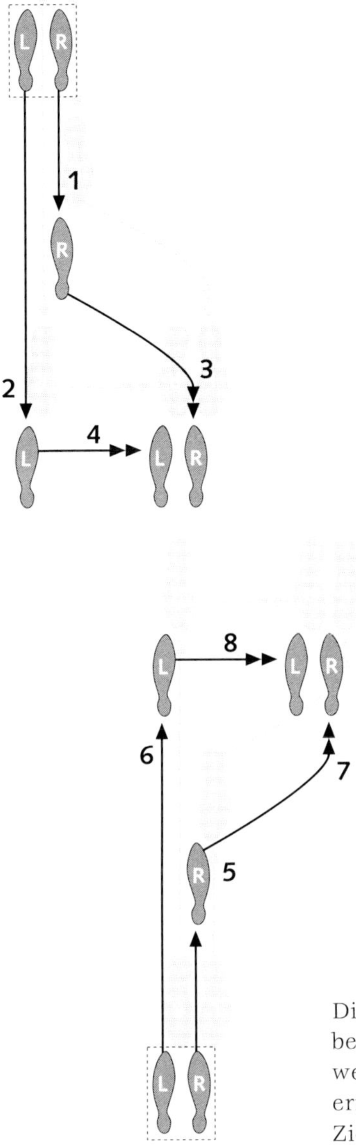

Grundschritt
Damenschritt

1 rechter Fuß rückwärts
langsam

2 linker Fuß rückwärts
langsam

3 rechter Fuß seitwärts
schnell

4 linker Fuß schließt zum rechten Fuß
schnell

5 rechter Fuß vorwärts
langsam

6 linker Fuß vorwärts
langsam

7 rechter Fuß seitwärts
schnell

8 linker Fuß schließt zum rechten Fuß
schnell

Dieser Grundschritt kann bei jedem «Seit-Schluß» ein wenig gedreht werden. Sie erreichen damit eine kleine Zickzackbewegung auf der Tanzfläche und kommen so mehr vom Platz.
Die ersten vier Schritte können Sie auch öfter wiederholen und beliebig aneinanderreihen. Seien Sie kreativ.

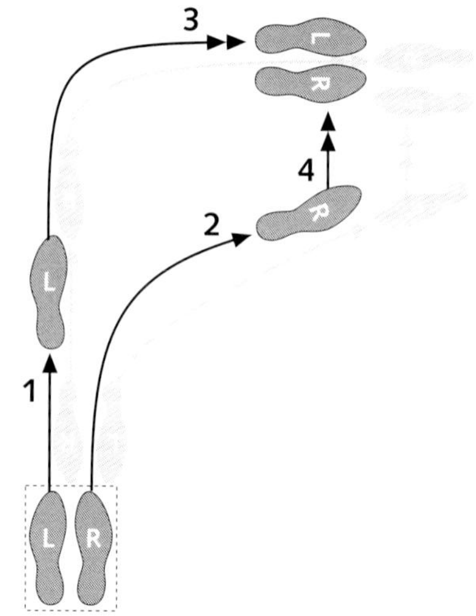

Vierteldrehung nach rechts
Herrenschritt

1 linker Fuß vorwärts
langsam

2 rechter Fuß vorwärts
(Drehbeginn)
langsam

3 linker Fuß seitwärts
(weiterdrehen)
schnell

4 rechter Fuß schließt
zum linken Fuß
schnell

Vierteldrehung nach rechts

Damenschritt

1 rechter Fuß rückwärts
langsam

2 linker Fuß rückwärts
(Drehbeginn)
langsam

3 rechter Fuß seitwärts
(weiterdrehen)
schnell

4 linker Fuß schließt
zum rechten Fuß
schnell

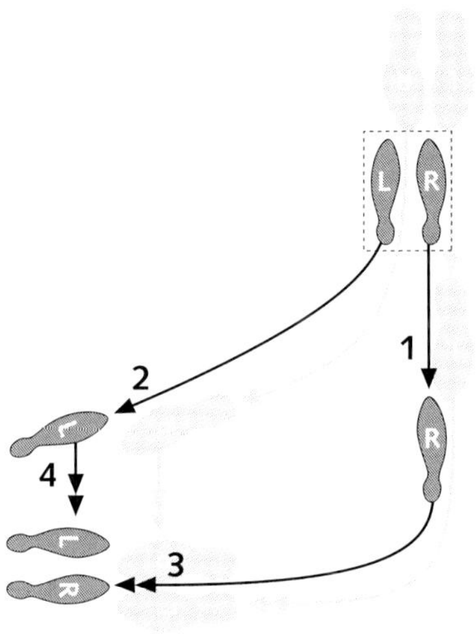

Rechtsachsendrehung
Herrenschritt

1 linker Fuß rückwärts (starke Drehung auf dem Schritt) *langsam*

2 rechter Fuß vorwärts (weiterdrehen) *langsam*

3 linker Fuß seitwärts (weiterdrehen) *schnell*

4 rechter Fuß schließt zum linken Fuß *schnell*

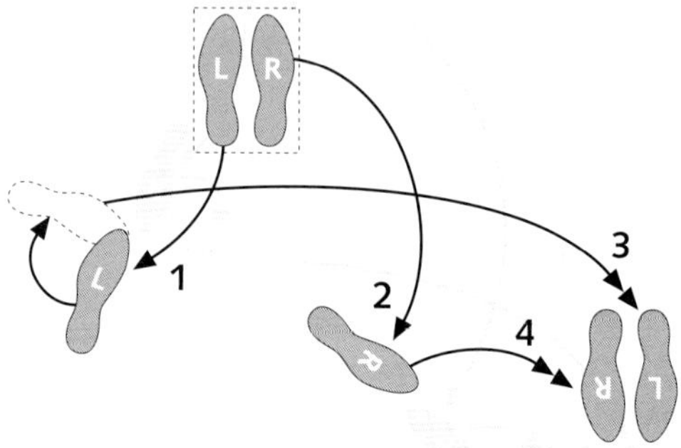

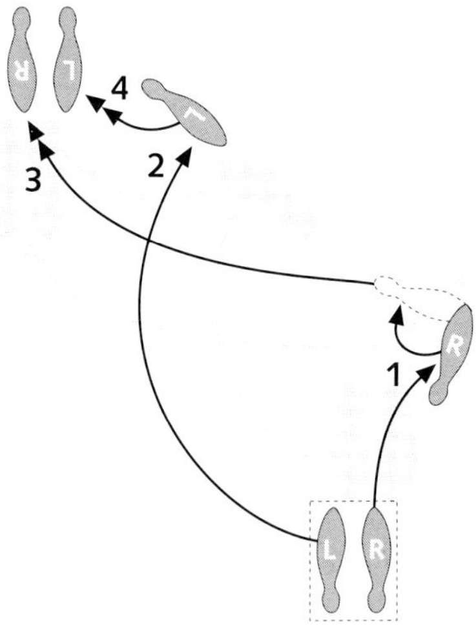

Rechtsachsen-drehung
Damenschritt

1 rechter Fuß vorwärts (starke Drehung auf dem Schritt) *langsam*

2 linker Fuß seitwärts, um das Bein des Herrn herumsetzen (weiterdrehen) *langsam*

3 rechter Fuß seitwärts (weiterdrehen) *schnell*

4 linker Fuß schließt zum rechten Fuß *schnell*

Die Rechtsachsendrehung wird meist nach der Viertelrechtsdrehung getanzt, da diese einen kleinen Schwung einleitet, der Sie leichter in die Achsendrehung kommen läßt. Ein geübtes Paar kann bis zu einer Dreivierteldrehung während der Rechtsachsendrehung ausführen. Anfänger sollten dies noch nicht anstreben.

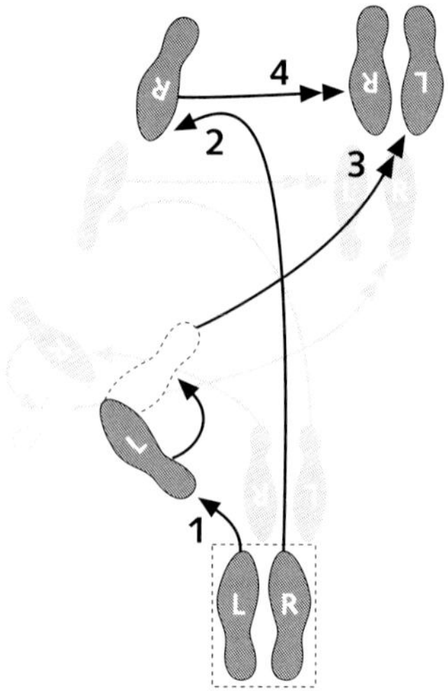

Linksachsen-drehung
Herrenschritt

1 linker Fuß vorwärts (starke Drehung auf dem Schritt) *langsam*

2 rechter Fuß rückwärts (weiterdrehen) *langsam*

3 linker Fuß seitwärts (weiterdrehen) *schnell*

4 rechter Fuß schließt zum linken Fuß *schnell*

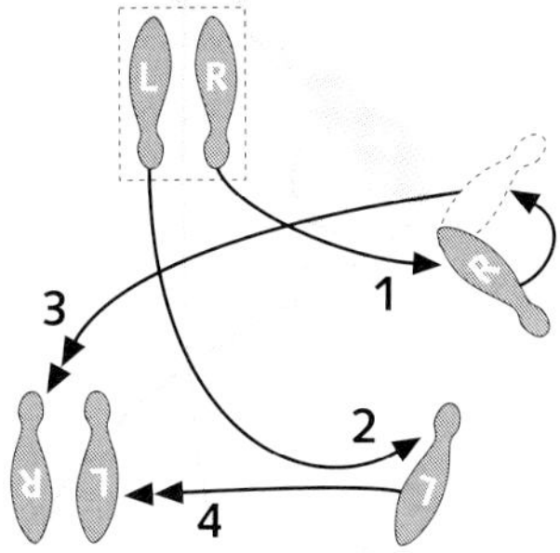

Linksachsen-drehung

Damenschritt

1 rechter Fuß rückwärts (starke Drehung auf dem Schritt) *langsam*

2 linker Fuß vorwärts (weiterdrehen) *langsam*

3 rechter Fuß seitwärts (weiterdrehen) *schnell*

4 linker Fuß schließt zum rechten Fuß *schnell*

Diese Figur läßt sich besonders gut nach den Schritten 5 bis 8 des Grundschrittes tanzen. Es entsteht eine schnelle Drehung nach links, die – von Fortgeschritteneren – bis zu einer halben Drehung getanzt werden kann. Spaß bringen auch mehrere Linksachsendrehungen nacheinander.

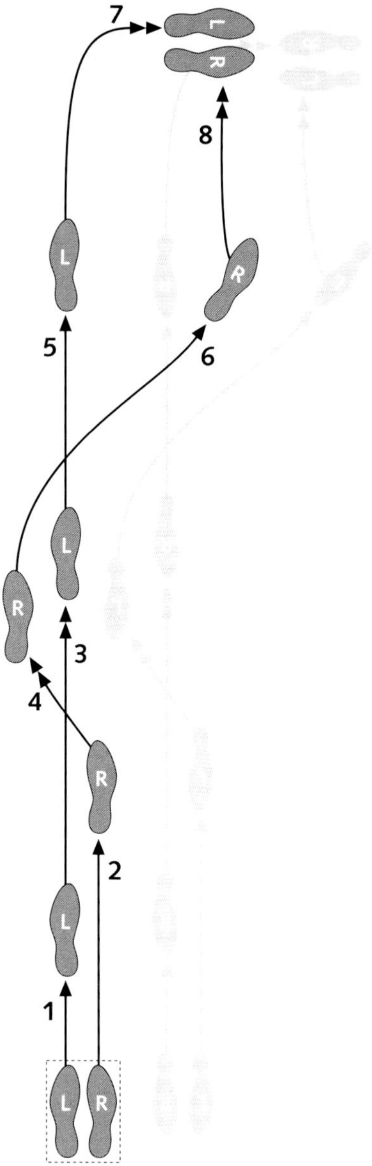

Kreuzschritt

Herrenschritt

1 linker Fuß vorwärts
langsam

2 rechter Fuß vorwärts
langsam

3 linker Fuß vorwärts
schnell

4 rechter Fuß kreuzt hinter linkem Fuß
schnell

5 linker Fuß vorwärts
langsam

6 rechter Fuß vorwärts (Drehbeginn nach rechts)
langsam

7 linker Fuß seitwärts (weiterdrehen)
schnell

8 rechter Fuß schließt zum linken Fuß
schnell

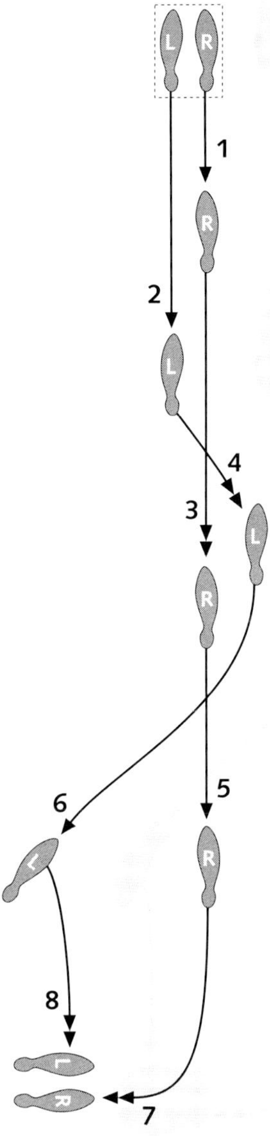

Kreuzschritt

Damenschritt

1 rechter Fuß rückwärts
langsam

2 linker Fuß rückwärts
langsam

3 rechter Fuß rückwärts
schnell

4 linker Fuß kreuzt vor dem rechten Fuß
schnell

5 rechter Fuß rückwärts
langsam

6 linker Fuß rückwärts (Drehbeginn nach rechts)
langsam

7 rechter Fuß seitwärts (weiterdrehen)
schnell

8 linker Fuß schließt zum rechten Fuß
schnell

Der Kreuzschritt läßt sich gut an den Grundschritt fügen, wenn Sie das letzte «Seit-Schluß» etwas nach links drehen. Beide Partner stehen nun ein wenig seitwärts versetzt und können gewissermaßen nebeneinander ihren Kreuzschritt ausführen. Die Schritte 5 bis 8 beschreiben eine Viertelrechtsdrehung. Je nachdem, welche Figur Sie hinterher tanzen möchten, können Sie dabei mehr oder weniger drehen.

Tanzfolgen

Tanzfolge 1

Sie tanzen:
einmal den Grundschritt, eine Viertelrechtsdrehung, eine Rechtsachsendrehung und Schritt 5 bis 8 des Grundschrittes.

Tanzfolge 2

Sie tanzen:
zweimal den Grundschritt, den Kreuzschritt, die Rechtsachsendrehung, Schritt 5 bis 8 des Grundschrittes und zweimal die Linksachsendrehung.

Seien Sie kreativ

Das Schrittmuster des Foxtrotts bilden zwei Richtungsschritte und ein beendendes «Seit-Schluß». Ganz egal, ob Sie sich dabei vorwärts oder rückwärts bewegen, Sie schließen immer mit einem «Seit-Schluß» ab – auch bei der Rechts- oder Linksachsendrehung.

Nach jedem «Seit-Schluß» können Sie für sich selbst festlegen, in welche Richtung und mit welcher Figur Sie jetzt weitertanzen möchten. Alle vorher beschriebenen Figuren können an ein vorausgehendes «Seit-Schluß» gesetzt werden. Ihren Phantasien sind keine Grenzen gesetzt.

Musikvorschläge

Back for Good
Take That
I wanna B with U
Fun Factory
Nah Neh Nah
Vaya Con Dios
The way to your heart
Soulsister
Ring of Fire
Johnny Cash

Tango

Eng aneinander reibende Körper, die Beine in koketter Verrenkung – feurig und erotisch ist der Tango. Schließt man die Augen und gibt sich für einen Moment ganz und gar dem Klangbild des Tangos hin, so löst dies teils aggressive, teils sentimentale Emotionen aus. Die Musik, eine Mischung aus langen und kurzen Tönen, dringt hart und sanft in unser Ohr. Gerade diese Gegensätzlichkeit untermalt den Charakter des Tangotanzes. Hin- und hergerissen zwischen langsamen und schnellen Schritten, abrupt durch eine Stehpause unterbrochen, erlebt der Tanzende das hin- und hertreibende Gefühl aufregender Leidenschaft.

Die Urform des Tangos wurde fast ausschließlich von Farbigen getanzt, erst im Laufe der Folgejahre fand sie als «Habanera» Einzug in die weiße Gesellschaft. 1860 veränderte sich das Erscheinungsbild dieses Tanzes, man ging auf «Tuchfühlung» und hielt sich
eng umschlungen. In Buenos Aires seit 1880 als «Milonga» und später als «Milonga-Tango» bekannt, entwickelte sich der Tango weiter. Zunächst nur von sozial Geächteten in dunklen Kaschemmen und zwielichtigen Hafenvierteln getanzt, entdeckten dann sehr schnell auch junge und vor allem reiche Argentinier seinen Reiz. Sie brachten den Tango ungefähr 1905 nach Paris. Wahre glanzvolle Tango-Jahre folgten 1911 und 1912. Von dieser Zeit an fand man auch in Deutschland Gefallen an ihm, obwohl er hartnäckig bekämpft und vom Papst mit dem Kirchenbann belegt wurde. Aber gerade das Verbotene reizte um so mehr.

Der Tango ist ein Tanz im Zweivierteltakt. Zu seinem Klangbild gehören Violinen und das Bandoneon. Deutlich erkennt man einen durchgehenden «Lauf-Halt-Rhythmus», der zu dem abgehackten Schrittmuster von Laufschritten mit jäher Unterbrechung führt. Einst zu den Lateinamerikanischen Tänzen gehörend, reihte sich der Tango im Laufe der Zeit, neben den Walzerarten, dem Foxtrott und dem Slow Fox, in die Kategorie der Standardtänze ein. Und dennoch unterscheidet er sich stark in Art und Form von diesen Swingtänzen. Bei keinem anderen Tanz ist der Kontakt so «hautnah» wie beim Tango. Dicht an den Partner gedrückt steht man sich gegenüber, offen für diese Art der Verführung.

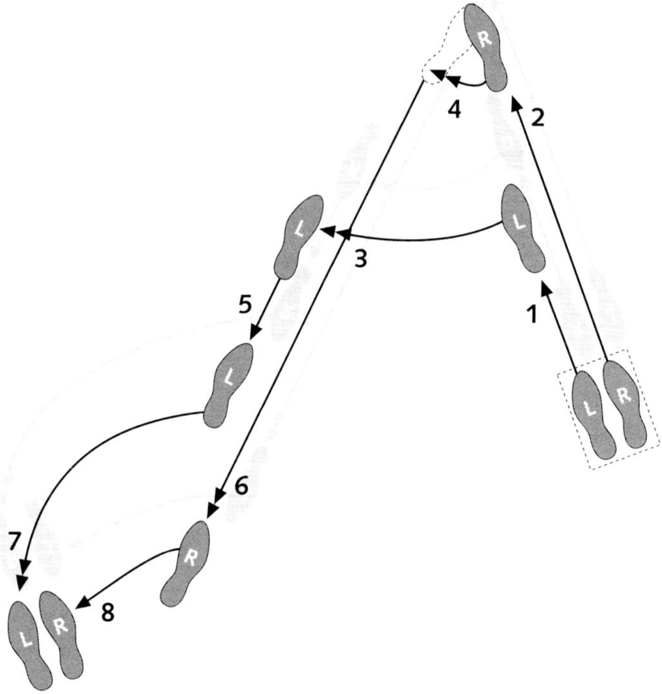

Wiegeschritt
Herrenschritt

1 linker Fuß vorwärts
langsam

2 rechter Fuß vorwärts
langsam

3* linker Fuß seitwärts
(mit leichter
Rechtsdrehung)
schnell

4* rechter Fuß vorwärts
(weiterdrehen)
schnell

5* linker Fuß rückwärts
(kleiner Schritt)
langsam

6 rechter Fuß rückwärts
(Drehbeginn nach links)
schnell

7 linker Fuß seitwärts
(weiterdrehen)
schnell

8 rechter Fuß schließt
zum linken Fuß
langsam

* Die Schritte 3, 4 und 5 haben eine Vor- und Rückbewegung als Wiegeschritt.

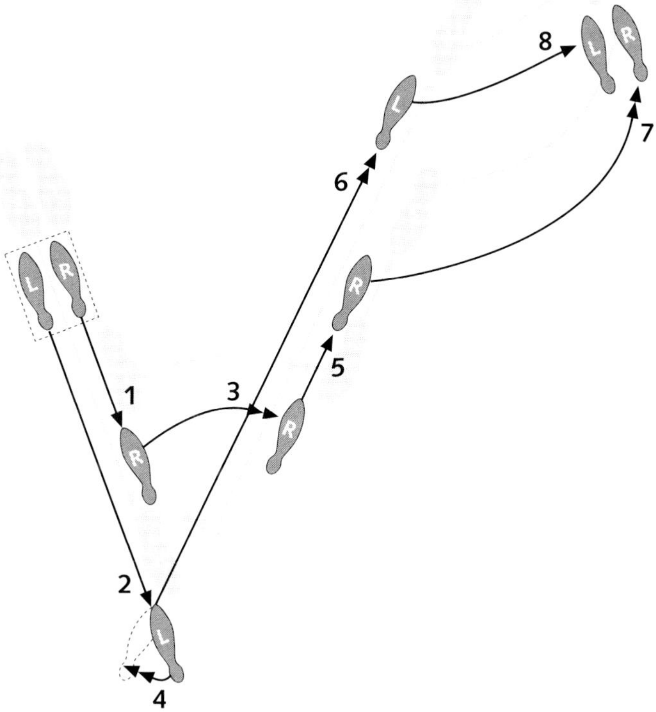

Wiegeschritt
Damenschritt

1 rechter Fuß rückwärts
langsam

2 linker Fuß rückwärts
langsam

3* rechter Fuß seitwärts (mit leichter Rechtsdrehung)
schnell

4* linker Fuß rückwärts (weiterdrehen)
schnell

5* rechter Fuß vorwärts (kleiner Schritt)
langsam

6 linker Fuß vorwärts (Drehbeginn nach links)
schnell

7 rechter Fuß seitwärts (weiterdrehen)
schnell

8 linker Fuß schließt zum rechten Fuß
langsam

* Die Schritte 3, 4 und 5 haben eine Vor- und Rückbewegung als Wiegeschritt.

Man kann diesen Tanzschritt ohne oder mit Drehung tanzen. Wenn man eine Drehung tanzen möchte, führt man nach der leichten Rechtsdrehung im ersten Teil (Schritte 1 bis 5) im zweiten Teil des Wiegeschrittes (über die Schritte 6, 7 und 8) eine Gegendrehung nach links aus.

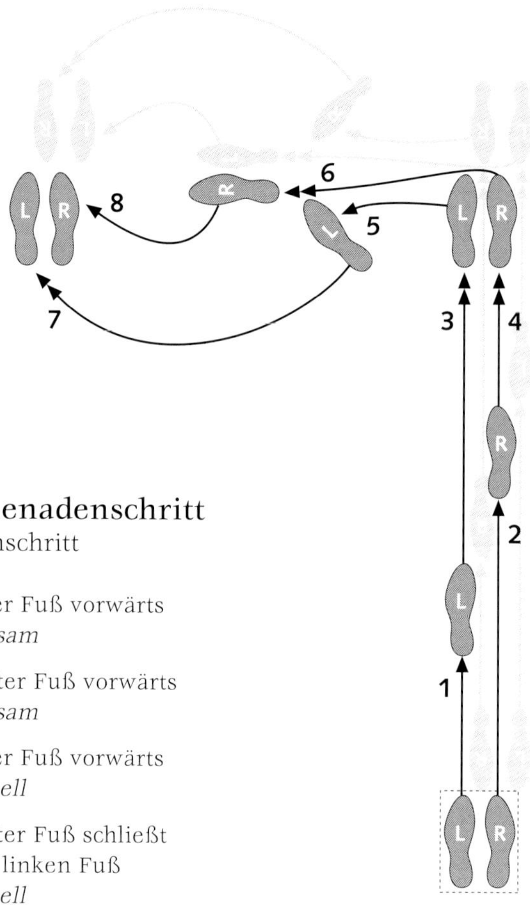

Promenadenschritt
Herrenschritt

1 linker Fuß vorwärts
langsam

2 rechter Fuß vorwärts
langsam

3 linker Fuß vorwärts
schnell

4 rechter Fuß schließt zum linken Fuß
schnell

5 linker Fuß seitwärts (mit leichter Linksdrehung)
langsam

6 rechter Fuß vorwärts (weiterdrehen)
schnell

7 linker Fuß seitwärts (mit 90°-Drehung nach rechts)
schnell

8 rechter Fuß schließt zum linken Fuß
langsam

Auf Schritt 5 beginnt die Promenadenposition. Diese soll vom Herrn durch einen deutlichen Druck seines rechten Handballens angezeigt werden. Bei diesem «argentinischen Führungsimpuls» klappt die Dame nach rechts, die geschlossene Tanzhaltung wird geöffnet. Der nächste Schritt wird quasi nebeneinander vorwärts ausgeführt. Mit dem Abschlußschritt «klappt» der Herr die Dame wieder in die geschlossene Haltung.

Promenadenschritt
Damenschritt

1 rechter Fuß rückwärts
langsam

2 linker Fuß rückwärts
langsam

3 rechter Fuß rückwärts
schnell

4 linker Fuß schließt zum rechten Fuß
schnell

5 rechter Fuß seitwärts (mit leichter Rechtsdrehung)
langsam

6 linker Fuß vorwärts (weiterdrehen)
schnell

7 rechter Fuß seitwärts (mit leichter Linksdrehung)
schnell

8 linker Fuß schließt zum rechten Fuß
langsam

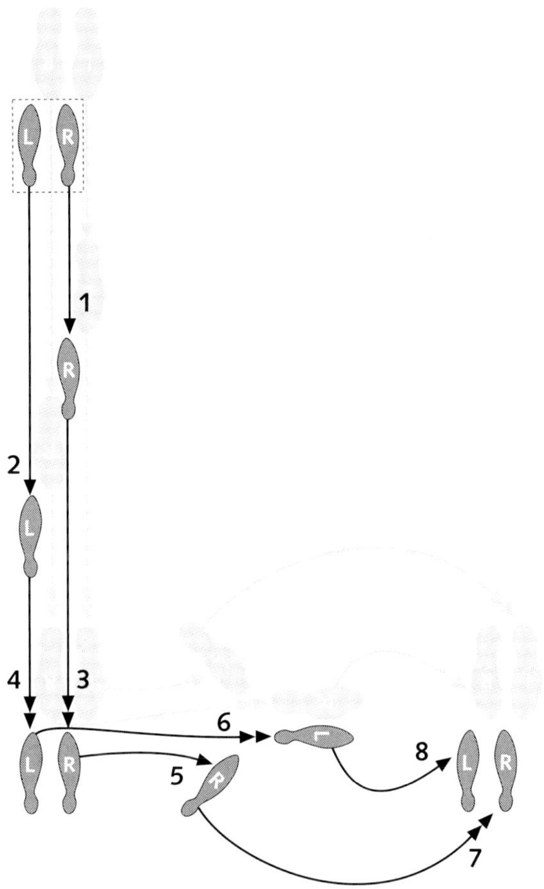

Bei Schritt 5 dreht die Dame nach rechts. Ihr Kopf zeigt ebenfalls nach rechts. Bei Schritt 7 und 8 dreht sie wieder nach links – der Kopf geht mit – und nimmt erneut die normale Tanzhaltung ein.

Tanzfolgen

Tanzfolge 1

Sie tanzen:
den Wiegeschritt, ohne Drehung und mit variabler Drehung nach rechts und links.

Tanzfolge 2

Sie tanzen:
den Wiegeschritt und den Promenadenschritt.

Seien Sie kreativ

Alle vorher beschriebenen Tanzschritte haben einen ähnlichen Abschluß über die Schritte 6, 7 und 8. Seien Sie kreativ, Sie können alle Figuren munter variieren, da der Rhythmus stets derselbe ist.

Der Promenadenschritt ist der «typische» Tangoschritt. In seiner Bewegungsform haben Sie die ursprüngliche Tango-Zickzackbewegung, innerhalb deren Sie die Tanzhaltung aufklappen und zuklappen. Nur Mut, der Tango lebt von leidenschaftlicher Dynamik.

Musikvorschläge

The Tunnel of Love
Fun Boy Three
Tango Korrupti
Reinhard Fendrich
Tango of Love
Schubert/Günter Noris
What now my Love
Elvis Presley/
Hallen Records
Tango
Ingrid Peters

Wiener Walzer

Der Wiener Walzer ist das Glanzstück der Walzer – der Edelste unter den Edlen. Trotz seiner relativ hohen Geschwindigkeit strahlen die Drehbewegungen kaiserliche Erhabenheit aus, die im prunkvollen Rahmen des Wiener Opernballs besonders gut zur Geltung kommen. In raumgreifenden Schritten ist jeder Tänzer bemüht, seine «Ballkönigin» zur Wirkung zu bringen. Majestätisch schwingen die weiten Röcke der Damen, während sich die walzenden Paare – mit einem «blaublütigen» Hauch – streng geordnet in eine Richtung bewegen. Ein umwerfender Anblick für jeden Zuschauer.

Doch nicht nur auf dem Wiener Opernball ist das Prunkstück unter den Dreivierteltakt-Tänzen Pflicht, seit langem ist der Wiener Walzer der Eröffnungstanz einer jeden Hochzeitsfeier.

Die Geschichte des Wiener Walzers läßt sich weit zurückverfolgen. So walzten unsere germanischen Vorfahren bereits paarweise wie «wild im Kreis». Zwischen dem 17. und dem 18. Jahrhundert war ein «schneller Walzer» vor allem im süddeutschen, alpinen Raum bekannt und tauchte in verschiedenen Regionen unter speziellen Bezeichnungen wie «Schwäbischer» oder «Teutscher» auf. Er war als drehender Werbetanz im wilden Dreivierteltakt sehr beliebt, vor allem beim «gemeinen Volk». Die höhere Gesellschaft duldete den Einzug dieses Neuankömmlings in die Ballsäle nur widerwillig, weshalb dieser Walzer auf den letzten sozialen Rang verbannt wurde, von dem aus er sich innerhalb Deutschlands bis zum Nationaltanz erhob. Bis dahin wurde er allerdings öfter verboten. In die Zeit des letzten Walzerverbotes, 1767 in Würzburg, fällt die Trennung des schnellen Walzers und des langsamen Walzers, «Ländler» genannt.

Die Tanzschritte des Wiener Walzers sind denen des Langsamen Walzers zwar ähnlich, der Wiener Walzer hat jedoch eine ganz andere Geschwindigkeit. Er wird genau doppelt so schnell getanzt, und das bedeutet «Arbeit» und eine feste Tanzhaltung. 60 Takte pro Minute heißt: 180 schnell aufeinanderfolgende Schritte und einen gewaltigen Schwung durch die drehenden Bewegungen, die auf dem ersten Taktschlag des markanten Dreivierteltaktes begonnen werden. Dabei kann einem schon einmal schwindelig werden. Der Wiener Walzer erfordert mehr Übung als eine gemütliche Rumba oder ein Foxtrott, damit sich statt Anstrengung ein Tanzgenuß einstellen kann.

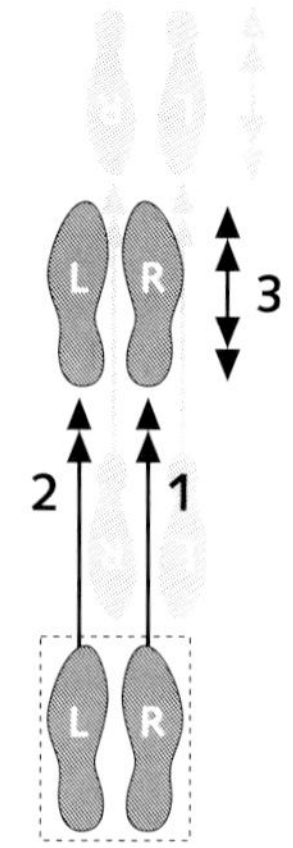

Basis für die Rechtsdrehung

Herrenschritt

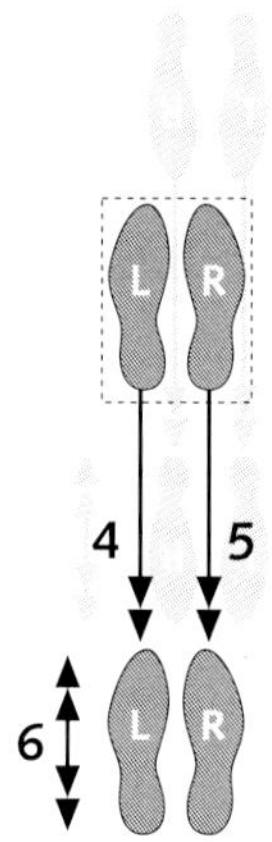

1 rechter Fuß vorwärts
schnell

2 linker Fuß schließt zum rechten Fuß
schnell

3 rechten Fuß am Platz belasten
schnell

4 linker Fuß rückwärts
schnell

5 rechter Fuß schließt zum linken Fuß
schnell

6 linken Fuß am Platz belasten
schnell

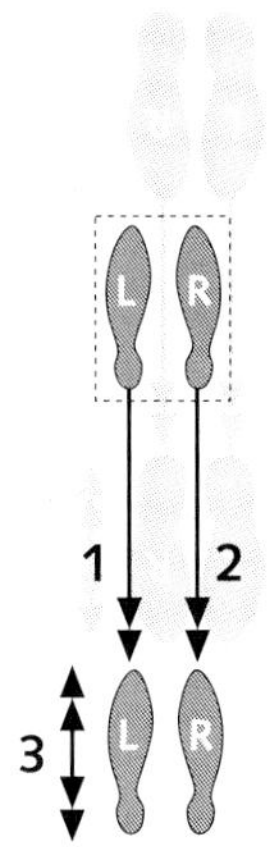

Basis für die Rechtsdrehung
Damenschritt

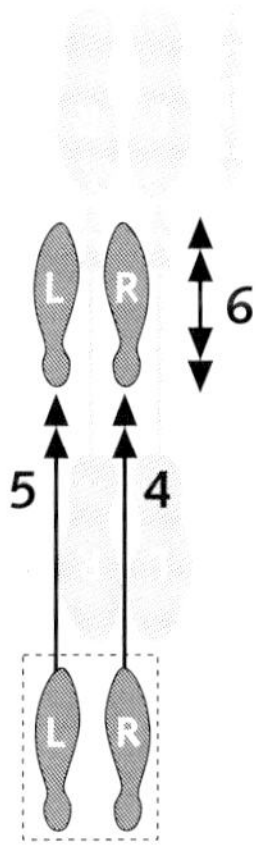

1 linker Fuß rückwärts
schnell

2 rechter Fuß schließt zum linken Fuß
schnell

3 linken Fuß am Platz belasten
schnell

4 rechter Fuß vorwärts
schnell

5 linker Fuß schließt zum rechten Fuß
schnell

6 rechten Fuß am Platz belasten
schnell

Sie bekommen in diesem Tanz so viel Schwung, daß Ihre Fußpositionen über die Schritte 2 und 3 sowie 5 und 6 etwas seitwärts verwischen werden. Seien Sie nicht zu genau, gerade diesen Effekt versucht der Fortgeschrittene zu erreichen, um dem Tanz das «Majestätische» zu verleihen.
Dieser Grundschritt wird nach rechts gedreht. Zu Beginn sind Vierteldrehungen üblich, später sollte der geübte Tänzer jedoch halbe Drehungen versuchen. Erst dann ist der «kaiserliche Schwung» des Wiener Walzers vorhanden.

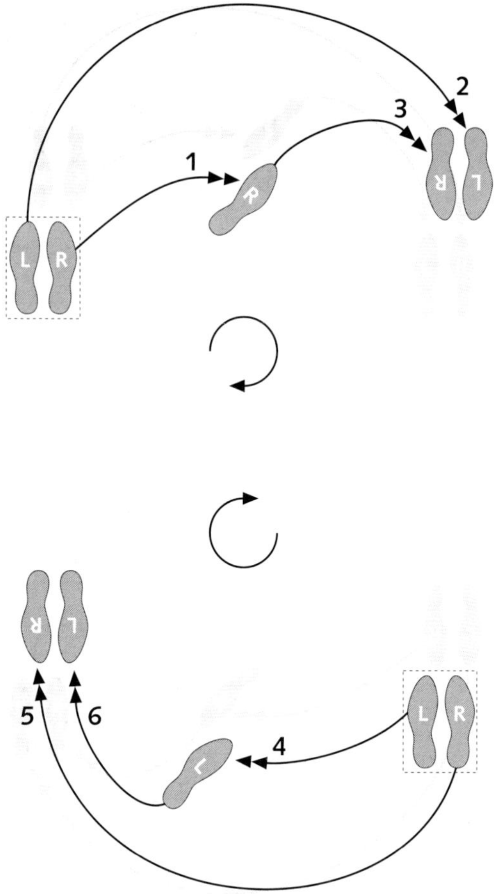

Rechtsdrehung als halbe Drehung
Herrenschritt

1 rechter Fuß vorwärts (Drehbeginn nach rechts) *schnell*

2 linker Fuß seitwärts (weiterdrehen) *schnell*

3 rechter Fuß schließt zum linken Fuß *schnell*

4 linker Fuß rückwärts (Drehbeginn nach rechts) *schnell*

5 rechter Fuß seitwärts (kleiner Schritt, weiterdrehen) *schnell*

6 linker Fuß schließt zum rechten Fuß *schnell*

Die Schritte 1 bis 3 beschreiben den aktiven Teil der Rechtsdrehung im Herrenschritt. Hier werden die Schritte größer getanzt, da sich der Herr im Außenkreis befindet. Die Schritte 4 bis 6 bilden den Innenkreis für den Herrn, deshalb setzt er hier kleinere Schritte.

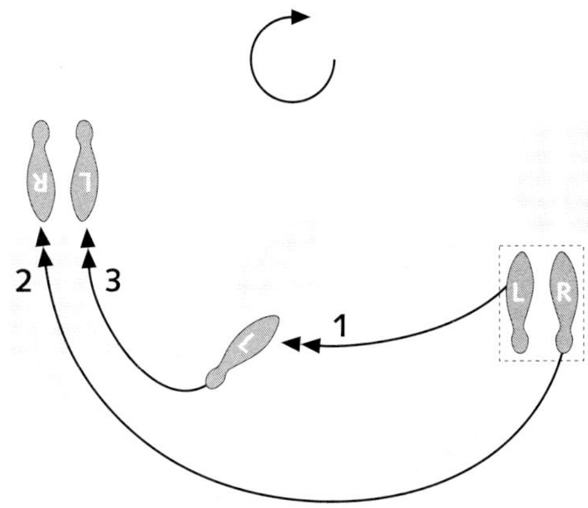

Rechtsdrehung als halbe Drehung

Damenschritt

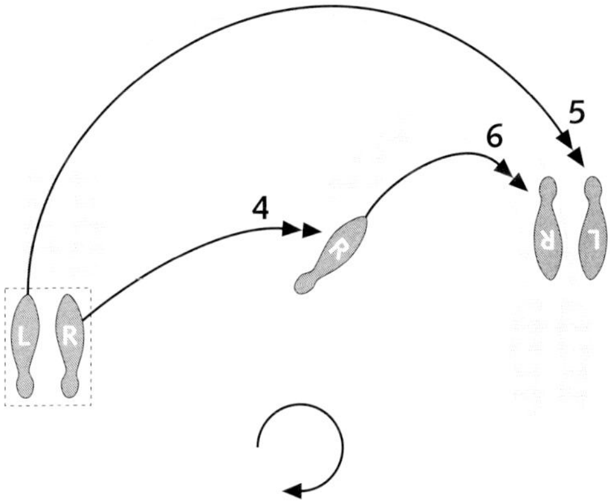

1 linker Fuß rückwärts (Drehbeginn nach rechts) *schnell*

2 rechter Fuß seitwärts (kleiner Schritt, weiterdrehen) *schnell*

3 linker Fuß schließt zum rechten Fuß *schnell*

4 rechter Fuß vorwärts (Drehbeginn nach rechts) *schnell*

5 linker Fuß seitwärts (weiterdrehen) *schnell*

6 rechter Fuß schließt zum linken Fuß *schnell*

Die Dame führt die Schritte 1 bis 3 klein aus, hier tanzt sie im Innenkreis. Die Schritte 4 bis 6 beschreiben den Außenkreis und sind groß.

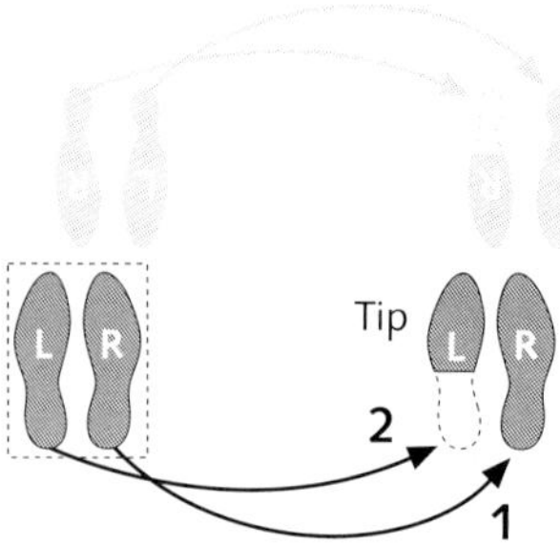

Pendelschritt nach rechts
Herrenschritt

1 rechter Fuß seitwärts
langsam

2 linker Fuß schließt zum rechten Fuß, ohne belastet zu werden
langsam

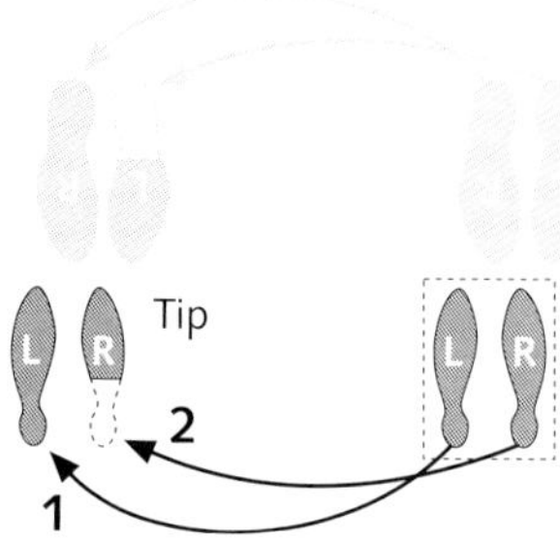

Pendelschritt nach rechts
Damenschritt

1 linker Fuß seitwärts
langsam

2 rechter Fuß schließt zum linken Fuß, ohne belastet zu werden
langsam

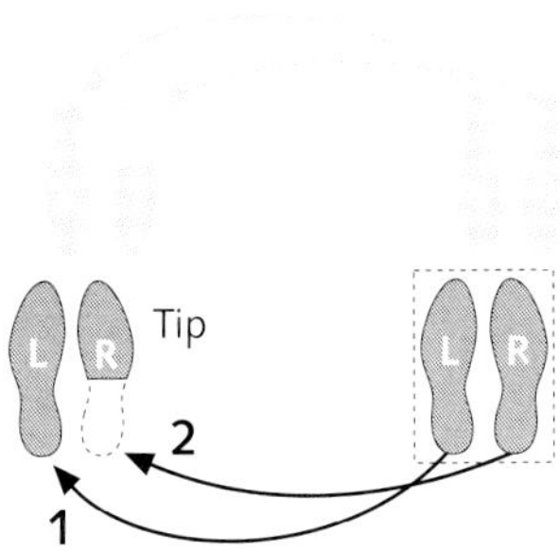

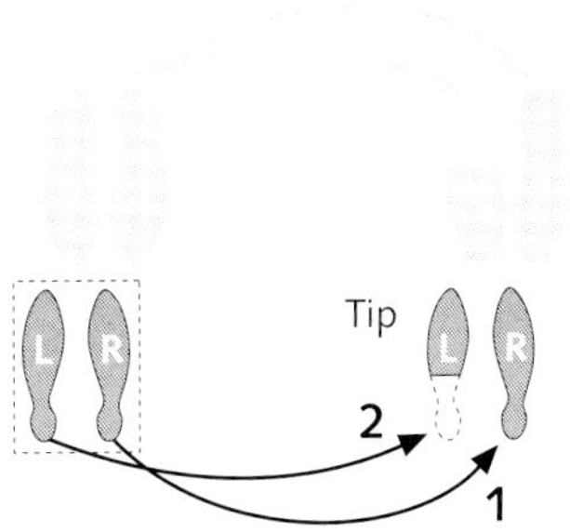

Pendelschritt nach links
Herrenschritt

1 linker Fuß seitwärts
langsam

2 rechter Fuß schließt zum linken Fuß, ohne belastet zu werden
langsam

Pendelschritt nach links
Damenschritt

1 rechter Fuß seitwärts
langsam

2 linker Fuß schließt zum rechten Fuß, ohne belastet zu werden
langsam

Pendelschritte werden als Verbindung zwischen Rechts- und Linksdrehungen sowie umgekehrt benutzt. Sie können auch eingesetzt werden, wenn eine kurze Pause zwischen den wirbelnden Walzerdrehungen nötig ist.

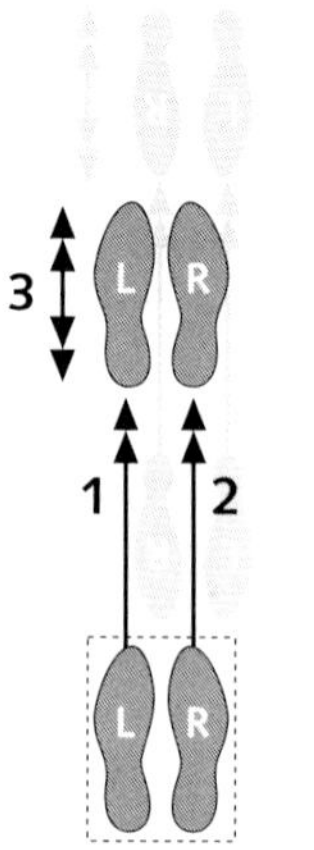

Basis für die Linksdrehung
Herrenschritt

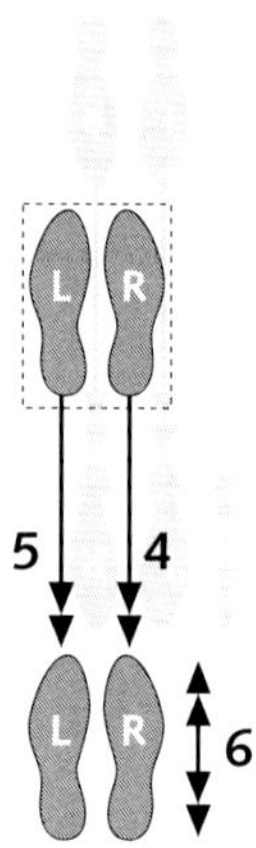

1 linker Fuß vorwärts
schnell

2 rechter Fuß schließt zum linken Fuß
schnell

3 linken Fuß am Platz belasten
schnell

4 rechter Fuß rückwärts
schnell

5 linker Fuß schließt zum rechten Fuß
schnell

6 rechten Fuß am Platz belasten
schnell

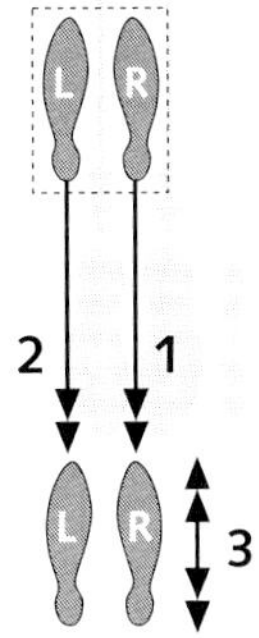

Basis für die Linksdrehung
Damenschritt

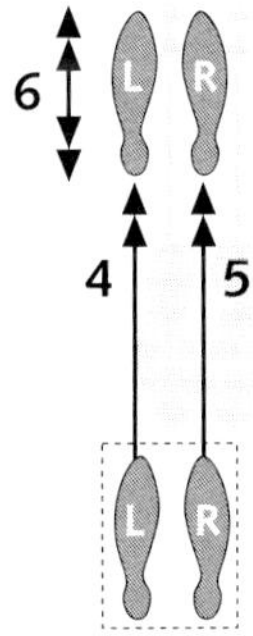

1 rechter Fuß rückwärts
schnell

2 linker Fuß schließt zum rechten Fuß
schnell

3 rechten Fuß am Platz belasten
schnell

4 linker Fuß vorwärts
schnell

5 rechter Fuß schließt zum linken Fuß
schnell

6 linken Fuß am Platz belasten
schnell

Jetzt wird nach links gedreht. Auch hier sind anfangs Vierteldrehungen zu empfehlen. Der geübte Tänzer wird später viel Schwung bekommen und so bis zu einer halben Drehung tanzen.

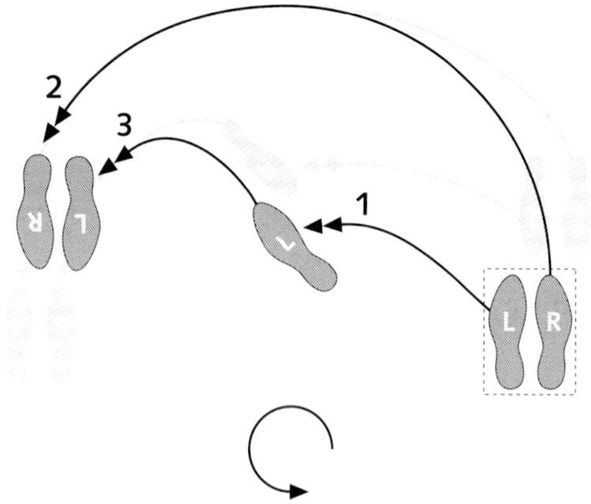

Linksdrehung als halbe Drehung

Herrenschritt

1 linker Fuß vorwärts (Drehbeginn nach rechts) *schnell*

2 rechter Fuß seitwärts (weiterdrehen) *schnell*

3 linker Fuß schließt zum rechten Fuß *schnell*

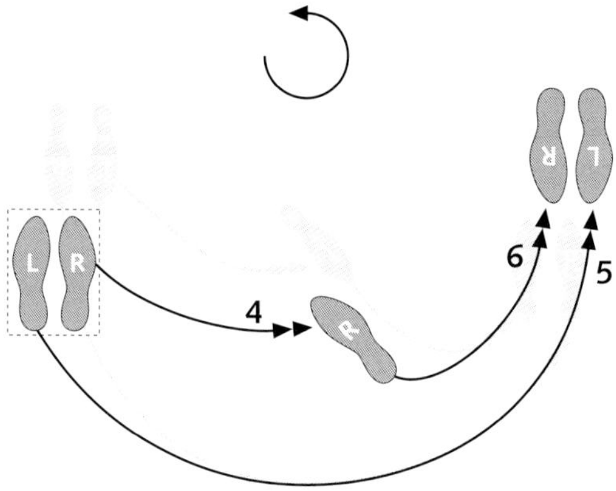

4 rechter Fuß rückwärts (Drehbeginn nach links) *schnell*

5 linker Fuß seitwärts (kleiner Schritt, weiterdrehen) *schnell*

6 rechter Fuß schließt zum linken Fuß *schnell*

Die Schritte 1 bis 3 beschreiben im Herrenschritt den Außenkreis der Drehung, die Schritte 4 bis 6 den Innenkreis. Während im Innenkreis die Schritte kleiner gesetzt werden, sind sie im Außenkreis größer.

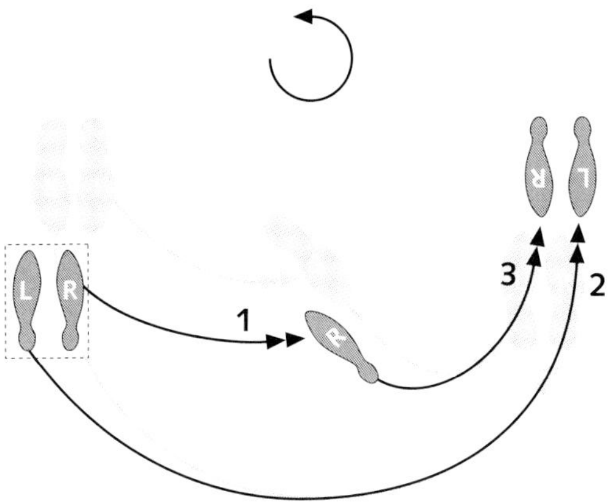

Linksdrehung als halbe Drehung
Damenschritt

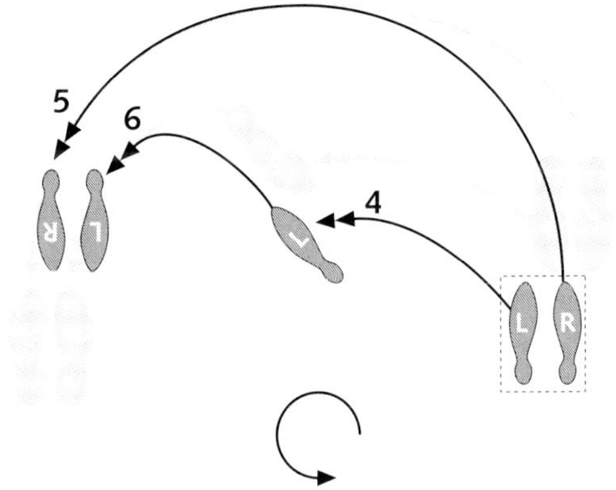

1 rechter Fuß rückwärts (Drehbeginn nach links) *schnell*

2 linker Fuß seitwärts (kleiner Schritt, weiterdrehen) *schnell*

3 rechter Fuß schließt zum linken Fuß *schnell*

4 linker Fuß vorwärts (Drehbeginn nach links) *schnell*

5 rechter Fuß seitwärts (weiterdrehen) *schnell*

6 linker Fuß schließt zum rechten Fuß *schnell*

Die Dame tanzt in kleinen Schritten zuerst den Innenkreis (Schritte 1 bis 3), dann in großen Schritten (Schritte 4 bis 6) den Außenkreis.

Für die Dame und den Herrn gibt es eine sehr elegante Art, den Außenkreis zu tanzen. Statt die Füße zu schließen, drehen sie etwas weiter nach links und kreuzen den linken Fuß vor dem rechten Fuß. Dieser Kreuzschritt wird vom Herrn auf Schritt 3, von der Dame auf Schritt 6 ausgeführt. Er ist jedoch nur den fortgeschrittenen Tänzern zu empfehlen.

Tanzfolgen

Tanzfolge 1
Sie tanzen:
vier Viertelrechtsdrehungen, dreimal den Pendelschritt, vier Viertellinksdrehungen und dreimal den Pendelschritt.

Tanzfolge 2
Sie tanzen:
acht halbe Rechtsdrehungen, dreimal den Pendelschritt, sechs halbe Linksdrehungen und dreimal den Pendelschritt.

Seien Sie kreativ
Das Schrittmuster des Wiener Walzers ist «Schritt – Schritt – Schluß».

Mit dem rechten Fuß vorwärts oder rückwärts sowie umgekehrt, geben Sie die Richtung an. Auf diesem Schritt sollten Sie bereits kräftig zu drehen beginnen, damit Sie viel Schwung entwickeln.

Mit dem «Schritt – Schluß» endet eine Drehaktion. Falls Sie mögen, läßt sich hier eine Ruhepause in Form des Pendelschrittes einfügen. Ist nach dem «Schritt – Schluß» Ihr rechter Fuß ohne Gewicht, dann gehen Sie in den Pendelschritt nach rechts – und umgekehrt. Sie können beliebig viele Pendelschritte hintereinander tanzen und sich so für den nächsten «Sturmangriff» ausruhen.
Nach jedem «Schritt – Schluß» haben Sie, je nachdem, welcher Fuß frei ist, die Möglichkeit, vorwärts oder rückwärts weiterzutanzen. Dadurch kommen Sie direkt von einer Drehung in die andere und bleiben im Schwung.
Manchmal ist es interessanter, gar nicht zu drehen und die ersten drei Schritte der Rechtsdrehung mit den ersten drei Schritten der Linksdrehung (ohne dabei zu drehen) zu verbinden, denn so kommen Sie recht schnell vom Fleck.

Musikvorschläge

Der Clochard
Mireille Matthieu
Wiener Blut
Johann Strauß
Julian
Mandy Winters
Golden Brown
The Stranglers
20 Pfennig
Mike Krüger

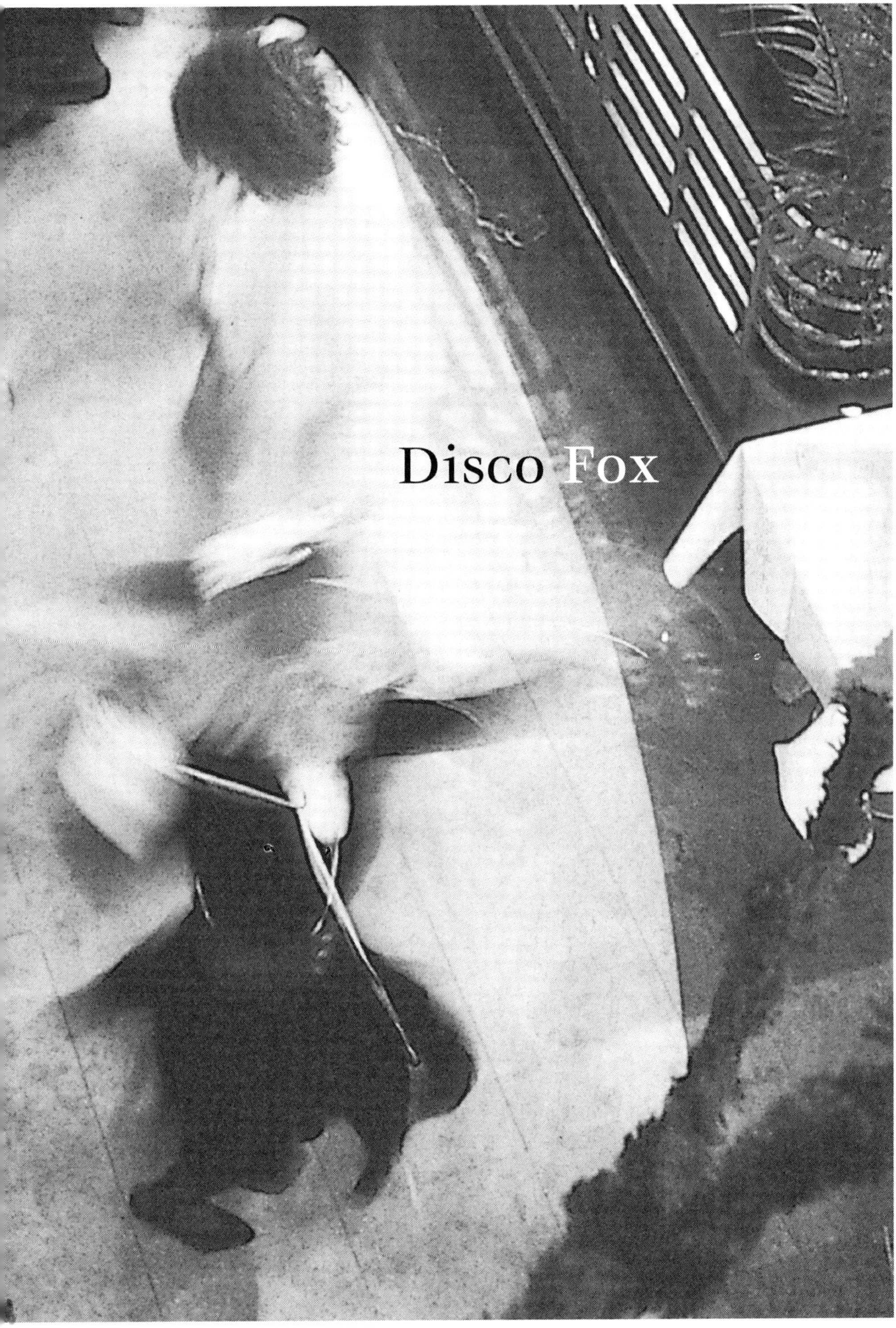

Disco Fox

Ob in der Disco oder auf anderen Tanzfesten, der Disco Fox ist zweifellos einer der am häufigsten zu sehenden Tänze.

Dies liegt unter anderem daran, daß sich fast jede moderne und aktuelle Musik aus den Charts für den Disco Fox eignet. Seine Geschwindigkeit läßt sich von langsam bis tobend schnell variieren.

1930 löste der Swing die jazztypische Spielweise der Big Bands ab und setzte mit seinem deutlich schlagenden Rhythmus den Impuls für eine freiheitlichere Tanzbewegung. Diese läßt sich heute noch im Disco Fox erkennen. Die verschiedenen Figuren sind eine Mischung aus Elementen des Foxtrotts und des Swings. Sein Grundschritt deutet auf eine direkte Abstammung vom Schieber hin.

Um 1970 begannen die «wilden Jahre» des paarlosen Tanzens zu populärer Beatmusik, die Ära der Tanzcafés mit Livemusik schien zu Ende zu gehen. Man strömte in die Disco, um dort bei Soul-Musik seinen Gefühlen freien Lauf zu lassen. Doch schon knappe vier Jahre später griff man wieder, wenn auch lässiger, auf die gutbewährte Tanzhaltung zurück und gab dem Discotanzen den körpernahen Paareffekt zurück. In Amerika wurde der «Hustle», in Deutschland der «Disco-Fox» geboren.

Im Disco Fox werden Sie durch die gleichmäßig betonte Musik des Viervierteltaktes sehr eindringlich dazu aufgefordert, Ihre Tanzschritte zu setzen. Da die Schritte gleichmäßig – ohne Geschwindigkeitsänderung – ausgeführt werden, hätten Sie auch die Freiheit, diesen Tanz auf Dreivierteltakt-Musik zu tanzen. Eine tolle Sache für diejenigen, die sich nicht sicher sind, ob es sich bei der gehörten Musik um Rock & Roll, Walzer oder Tango handelt. Mit diesem «Einheitsschritt» kommt jeder über die Runden.

Der Disco Fox kann aber auch mit wilden Drehungen zu allen Seiten getanzt werden. Schroff werden diese unterbrochen durch Vor- und Rückbewegung des Grundschrittes. Und beginnt dann das erste Paar mit seinen atemberaubenden Solodrehungen unter den erhobenen Händen des Partners, kommt jedes Fest ganz schnell in Schwung, denn hier sprüht Leben nach allen Seiten.

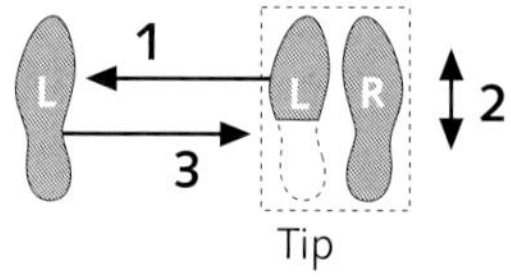

Grundschritt
Herrenschritt

1 linker Fuß seitwärts
langsam

2 rechten Fuß
am Platz belasten
langsam

3 linker Fuß schließt
zum rechten Fuß,
ohne belastet zu werden
langsam

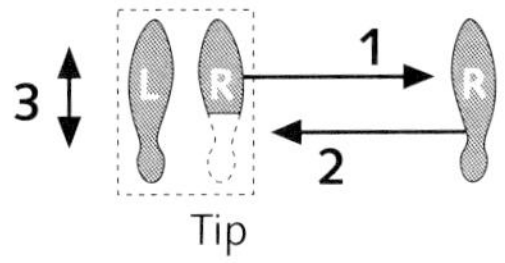

Grundschritt
Damenschritt

1 rechter Fuß seitwärts
langsam

2 linken Fuß
am Platz belasten
langsam

3 rechter Fuß schließt
zum linken Fuß,
ohne belastet zu werden
langsam

Dieser Grundschritt kann nach rechts gedreht werden. Dabei ändert sich der erste Schritt der Dame in einen Vorwärtsschritt auf den Herrn zu, während dieser zur Seite ausweicht. So entsteht eine Drehbewegung nach rechts. Der geübte Tänzer wird diese Bewegung durch ein Heranziehen der Dame mit den Händen unterstützen. Aus dem entstandenen Schwung heraus, geht der zweite Schritt für die Dame und den Herrn in Schwungrichtung weiter. Erst der dritte Schritt, in Tanzschulkreisen als «Tip» oder «Tap» bezeichnet, bringt wieder Ruhe in den Tanz.

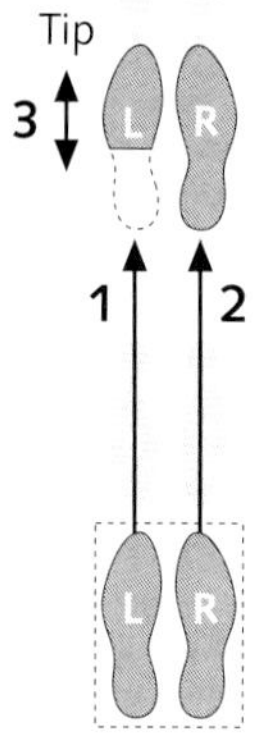

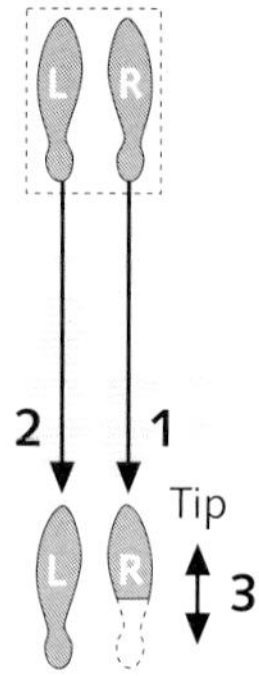

Vorwärtsschritt
Herrenschritt

1 linker Fuß vorwärts
langsam

2 rechter Fuß vorwärts
langsam

3 linker Fuß schließt
zum rechten Fuß,
ohne belastet zu werden
langsam

Vorwärtsschritt
Damenschritt

1 rechter Fuß rückwärts
langsam

2 linker Fuß rückwärts
langsam

3 rechter Fuß schließt
zum linken Fuß,
ohne belastet zu werden
langsam

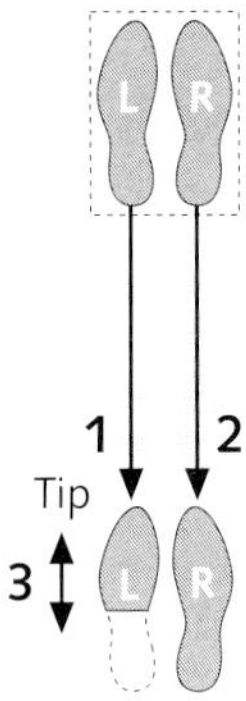

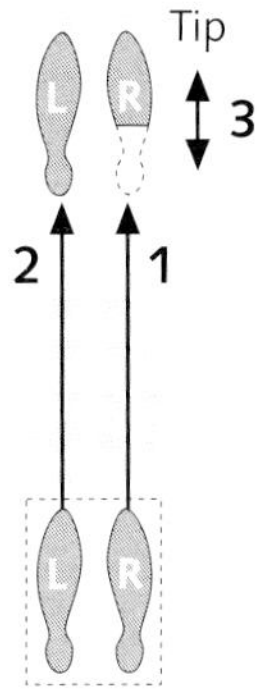

Rückwärtsschritt
Herrenschritt

1 linker Fuß rückwärts
langsam

2 rechter Fuß rückwärts
langsam

3 linker Fuß schließt
zum rechten Fuß,
ohne belastet zu werden
langsam

Rückwärtsschritt
Damenschritt

1 rechter Fuß vorwärts
langsam

2 linker Fuß vorwärts
langsam

3 rechter Fuß schließt
zum linken Fuß,
ohne belastet zu werden
langsam

Die Vorwärts- und Rückwärtsschritte werden oft ohne große Drehung miteinander verbunden. Aneinandergereiht eignen sie sich besonders gut, um von der Stelle zu kommen.

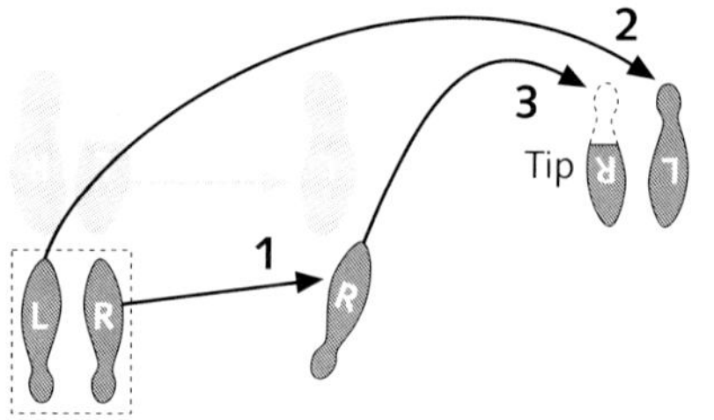

Damensolo von rechts nach links
Damenschritt

1 rechter Fuß seitwärts (Drehbeginn nach rechts)
langsam

2 linker Fuß seitwärts (weiterdrehen)
langsam

3 rechter Fuß schließt zum linken Fuß, ohne belastet zu werden
langsam

Bei dieser Form tanzt der Herr den Grundschritt. Der Herr hebt beim ersten Schritt die gefaßten Hände. Er gibt so seiner Partnerin ein Zeichen für die bevorstehende Solodrehung nach rechts. Während des zweiten Schrittes schiebt er sie mit seiner rechten Hand unter den erhobenen Händen hindurch. Die gefaßten Hände werden dabei um den Kopf der Dame herumgeführt und unterstützen deren Drehbewegung nach rechts. Beim dritten Schritt schwingen sie nach unten.

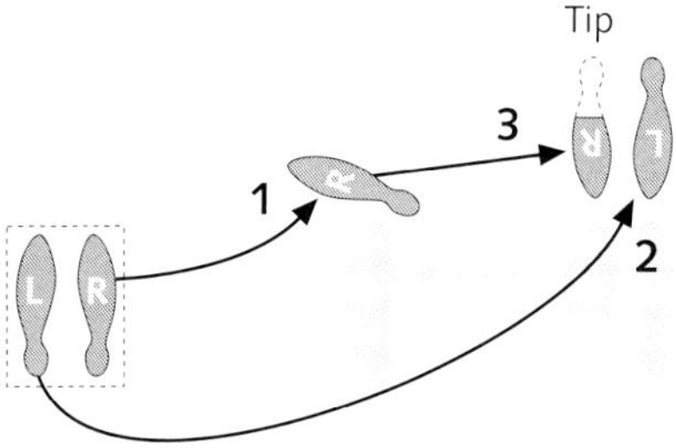

Damensolo von links nach rechts
Damenschritt

1 rechter Fuß seitwärts (Drehbeginn nach links) *langsam*

2 linker Fuß seitwärts (weiterdrehen) *langsam*

3 rechter Fuß schließt zum linken Fuß, ohne belastet zu werden *langsam*

Auch hier tanzt der Herr wieder den Grundschritt. Auf Schritt 1 werden die Hände gehoben. Mit einem Zug der linken Hand führt der Herr seine Tanzpartnerin in eine Solodrehung von links nach rechts. Während sich die Dame in die geschlossene Paarhaltung zurückdreht, unterstützt der Herr seine Dame, indem er die gefaßten Hände um den Kopf herumführt. Beim sechsten Schritt bremst er die Partnerin mit seiner rechten Hand ab. Das Paar befindet sich nun wieder in der geschlossenen Tanzhaltung.

Tanzfolgen

Tanzfolge 1

Sie tanzen:
viermal den Grundschritt und zweimal das Damensolo.

Tanzfolge 2

Sie tanzen:
zweimal den Grundschritt, einmal den Vorwärtsschritt, einmal den Rückwärtsschritt und einmal das Damensolo.

Seien Sie kreativ

Das Schrittmuster des Disco Fox ist «Schritt – Schritt – Tip». Tip oder Tap ist die gebräuchliche Bezeichnung für einen Schritt ohne Belastung. In der Zusammenstellung der möglichen Kombinationen sind Ihnen keine Grenzen gesetzt! Sie können Ihr «Tanzmenü» salzen durch starke und schwache Drehungen nach allen Seiten. Abwechslung bietet ein mehrfaches Damensolo, bei dem der Herr viele Führungsimpulse geben sollte, während seine Partnerin hin- und herwirbelt.

Musikvorschläge

Boom Boom Boom
The Outhere Brothers
Laila
Blue System
Fly Away
Haddaway
Made in Italy
Ricchi & Poveri
Na und...?!
Udo Jürgens

Rock & Roll

Wer denkt hier nicht sofort an Elvis Presley, den King des Rock & Roll, Bill Haley oder Jerry Lee Lewis, an Petticoats und Pomade? Ausdruck unverwechselbarer Lebensfreude und überschüssiger, jugendlicher Energie – das ist Rock & Roll.

Auch wenn Elvis Presley diesen Tanzstil entscheidend geprägt hat, die Ursprünge des Rock & Roll gehen zurück auf die dreißiger Jahre. Hier wurde bereits ein Paartanz mit akrobatischen Elementen zur Boogie-Musik getanzt. Man nannte ihn Lindy Hop. Seine Nachkommen sind der Boogie-Woogie, der Jitterbug, der Jive und der Rock & Roll.

1927 tanzte man den Lindy Hop in «schwarzen Tanzlokalen» zur Swing-Musik. Um 1930 wurde der baßbetonte, klar zu erkennende Rhythmus mit Klaviermusik unterlegt. Sein antreibendes Klangbild lud einfach zu wilden Tanzbewegungen mit akrobatischen Elementen ein, aus denen sich die Unter- und Überwürfe entwickelten. Fats Domino und Chuck Berry heizten mit ihrer Boogie-Musik kräftig ein, und selbst entrüstete Gegner konnten die Entwicklung des Rock & Roll nicht aufhalten, obwohl in den USA Radiosender diese Musik anfangs nicht spielen durften.

Deutschland wurde 1945 vom Boogie-Fieber erfaßt. Verschiedene Schrittvarianten entstanden in den fünfziger Jahren. Hier verhalfen Elvis Presley und Bill Haley dem Rock & Roll zum großen Durchbruch, der 1960 eine wahre Rockbegeisterung auslöste.

Beim Rock & Roll stehen sich beide Tanzpartner mit wesentlich mehr Abstand gegenüber als bei den anderen Tänzen. Eine Hand ist gefaßt, die andere schwingt vor und zurück. Stets bereit zum schnellen Griff, um die Partnerin mit einem gewagten Wurf herumzuwirbeln. Geht es auch in den beginnenden Schritten verhältnismäßig ruhig zu, so ist die offene Tanzhaltung gleichzeitig Auftakt für diverse akrobatische Kunststücke. Ein starker Ruck an den gefaßten Händen, und schon geht's los.

Hat man die stark betonte Musik im schnellen Dreivierteltakt erst einmal im Ohr, unterstreicht man sie durch kraftvolles Ausschlagen der Unterschenkel bei angehobenen Beinen. Das ist der charakteristische «Rock & Roll-Kick». Daß dieser Kick ziemlich schnell geschieht, versteht sich von selbst. Lassen Sie sich von den deutlichen Betonungen auf dem zweiten und vierten Taktschlag der Musik antreiben, und legen Sie das Handtuch nicht zu weit weg. Der Rock & Roll ist kein Tanz zum Ausruhen. Hier sind Sie mit Leib und Seele gefordert.

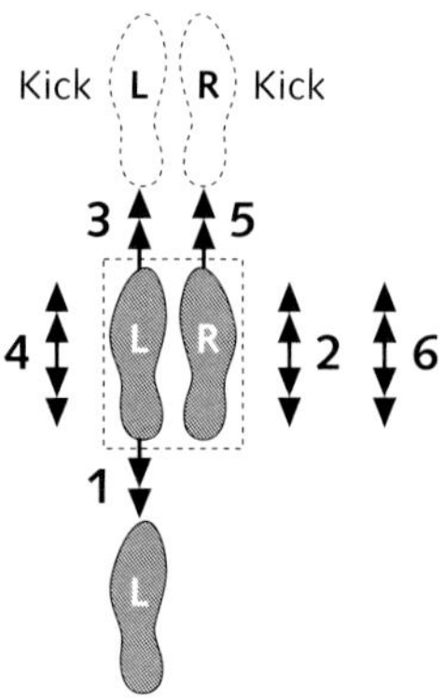

Grundschritt
Herrenschritt

1 linker Fuß rückwärts
schnell

2 rechten Fuß
am Platz belasten
schnell

3 linker Fuß
kickt nach vorne
schnell

4 linken Fuß
am Platz belasten
schnell

5 rechter Fuß
kickt nach vorne
schnell

6 rechten Fuß
am Platz belasten
schnell

Grundschritt
Damenschritt

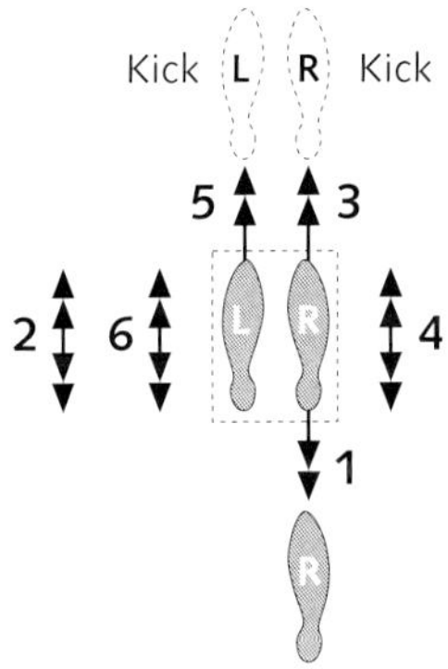

1 rechter Fuß rückwärts
schnell

2 linken Fuß
am Platz belasten
schnell

3 rechter Fuß
kickt nach vorne
schnell

4 rechten Fuß
am Platz belasten
schnell

5 linker Fuß
kickt nach vorne
schnell

6 linken Fuß
am Platz belasten
schnell

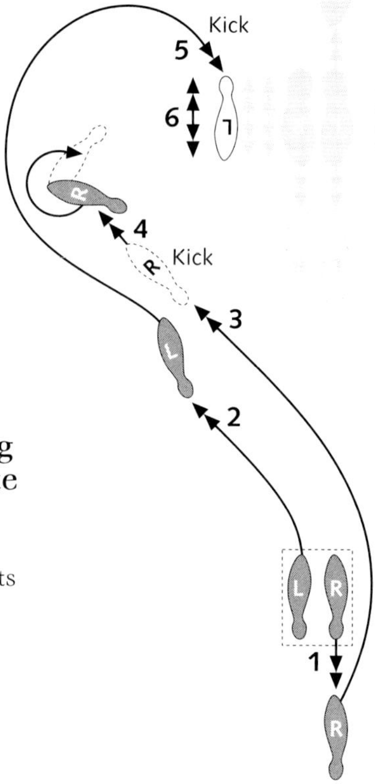

Körbchendrehung an die rechte Seite

Damenschritt

1 rechter Fuß rückwärts
schnell

2 linken Fuß
vorwärts belasten
schnell

3 rechter Fuß
kickt nach vorne
schnell

4 rechten Fuß
vorwärts belasten
(starke Drehung nach rechts auf dem Schritt)
schnell

5 linker Fuß
kickt nach vorne
schnell

6 linken Fuß
am Platz belasten
schnell

Bei dieser Form tanzt der Herr den Grundschritt. Der Herr zieht mit seiner linken Hand die Dame während des 4. Schrittes zu sich heran, drückt kurz nach dem Zug seine Hand wieder nach vorne und hält sie unten. Durch diesen starken Impuls führt die Dame auf Schritt 4 eine halbe Drehung nach rechts aus. Beide Tanzpartner stehen nun nebeneinander und sehen nach vorn. Die Dame befindet sich jetzt im rechten Arm des Herrn, ihre linke Hand legt sie von hinten auf seine Schulter.

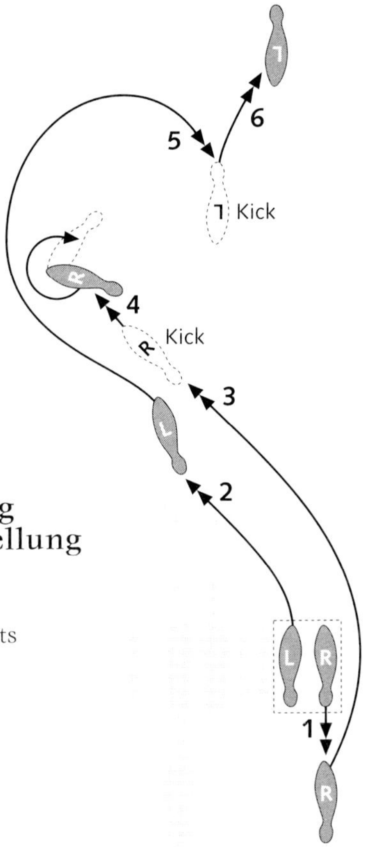

Körbchendrehung zur Gegenüberstellung

Damenschritt

1 rechter Fuß rückwärts
schnell

2 linken Fuß
vorwärts belasten
schnell

3 rechter Fuß
kickt nach vorne
schnell

4 rechten Fuß
vorwärts belasten
(starke Drehung nach rechts auf dem Schritt)
schnell

5 linker Fuß
kickt nach vorne
(weiterdrehen)
schnell

6 linken Fuß
rückwärts belasten
(weiterdrehen)
schnell

Auch hier tanzt der Herr wieder den Grundschritt und ist erneut mit seiner Führung gefordert. Er erhebt bei Schritt 3 die gefaßten Hände und schiebt seine Partnerin auf Schritt 4 mit der rechten Hand nach vorn. Mit der linken Hand führt er gleichzeitig einen Bogen über dem Kopf der Dame nach rechts und unterstützt so deren abschließende Rechtsdrehung. Nach der Drehung nimmt er die gefaßten Hände wieder nach unten. Beide befinden sich erneut in der Grundhaltung.

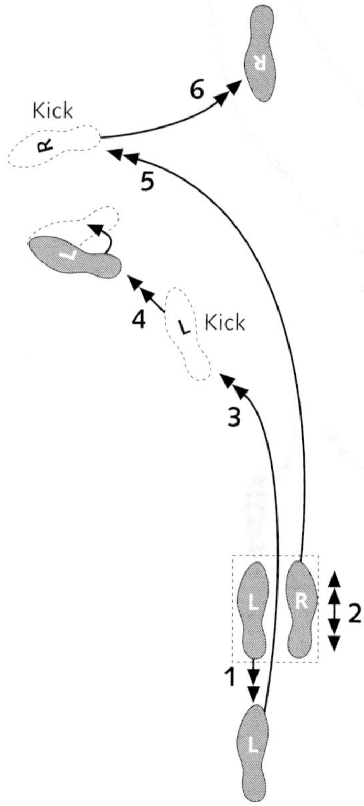

Hand- und Platzwechsel

Herrenschritt

1 linker Fuß rückwärts
schnell

2 rechten Fuß
am Platz belasten
schnell

3 linker Fuß
kickt nach vorne
schnell

4 linken Fuß
vorwärts belasten
(starke Drehung
nach links auf dem
Schritt)
schnell

5 rechter Fuß
kickt nach vorne
(weiterdrehen)
schnell

6 rechten Fuß
rückwärts belasten
(weiterdrehen)
schnell

Der Herr ergreift bei Schritt 3 die rechte Hand der Dame mit seiner rechten Hand. Während er die folgenden Schritte weitertanzt, wechselt er die Hände hinter seinem Rücken und kehrt in die Grundhaltung zurück.

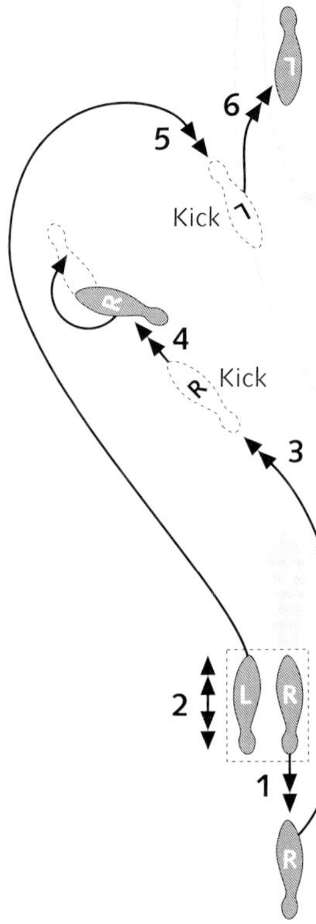

Hand- und Platzwechsel
Damenschritt

1 rechter Fuß rückwärts
schnell

2 linken Fuß
am Platz belasten
schnell

3 rechter Fuß
kickt nach vorn
schnell

4 rechten Fuß
vorwärts belasten
(Drehbeginn
nach rechts)
schnell

5 linker Fuß
kickt nach vorne
(weiterdrehen)
schnell

6 linken Fuß
rückwärts belasten
schnell

Tanzfolgen

Tanzfolge 1

Sie tanzen:
zweimal den Grundschritt, eine Körbchendrehung an die rechte Seite des Herrn, zweimal den Grundschritt, eine Körbchendrehung zur Gegenüberstellung, zweimal den Grundschritt und zweimal einen Hand- und Platzwechsel.

Tanzfolge 2

Sie tanzen:
zweimal den Grundschritt, eine Körbchendrehung an die rechte Seite des Herrn, eine Körbchendrehung zur Gegenüberstellung und einen Hand- und Platzwechsel.

Seien Sie kreativ

Sie können beliebig viele Grundschritte vor und zwischen einzelnen Drehungen einbauen. Dies ist vor allem am Anfang zu empfehlen, damit Sie bei diesem schnellen Tanz Zeit für die Koordination der Führung erhalten. Der geübte Tänzer sollte soweit wie möglich die Grundschritte weglassen und sich innerhalb der Drehungen bewegen. Dies unterstreicht das lässige Erscheinungsbild des Rock & Roll ungemein.

Musikvorschläge

Rock around the Clock
Bill Haley
I Got Stung
Elvis Presley
Chantilly Lace
Jerry Lee Lewis
Rockin' Robin
Bobby Day
Hello Josefine
Fats Domino

Rumba

Machen Sie mit mir einen Ausflug nach Südamerika, genauer gesagt nach Kuba, denn heutzutage tanzen wir die «Kubanische Rumba».

Dies war nicht immer so. Vielleicht kennen Sie noch die «Square- oder Carré-Rumba», deren Grundschritt eher an einen Langsamen Walzer als an eine Rumba erinnerte.

Die Rumba wird auch als «Tanz der Verliebten» bezeichnet. Nützen Sie die Chance bei diesem langsamen und erotischen Tanz, den Partner mit feurigen Blicken zu bombardieren. Gewagte Entschlossenheit, gepaart mit unverwechselbarem Charme und Eroberungswillen, darf die Gefühle des Partners ruhig ein wenig durcheinanderbringen.

Obwohl schon einige Jahre vor der Jahrhundertwende als «Tanz der Erotik» in Kuba bekannt, kam die Rumba erst um 1930 nach Europa. Ziemlich rasch eroberte sie auch den deutschen Tanzboden. Die Rumba ist artverwandt mit dem «Habanera», einem Tanz, der um 1900 nach Europa kam. Aus seiner Wurzel entwickelten sich die Rumba und auch der Tango. Um 1956 entstanden Zweifel, wie in Zukunft Rumba zu tanzen sei, immer mehr behauptete sich der kubanische Stil als «richtig» und verdrängte den Carré-Stil. Ab 1964 setzte sich in der internationalen Tanzszene dann deutlich der kubanische Stil durch.

Die Rumba zählt zu den Lateinamerikanischen Tänzen und gehört zur Familie der offenen Tänze. Sie wird gern als Ruhepol in einem bewegten Wiener Walzer oder einem feurigen Rock & Roll getanzt.

Bei der Rumba wechselt sich die geschlossene Tanzhaltung im Grundschritt mit den öffnenden Tanzschritten nach beiden Seiten ab. Das Besondere sind die Drehungen, sei es als Damensolo unter den erhobenen Händen des Herrn oder als schwungvolle Platzdrehung beider Partner. Staut sich das erotische Prickeln innerhalb der geschlossenen Tanzhaltung, können Sie sich während der Drehungen wieder ein wenig «abkühlen» – bereit, den Partner erneut zu verführen. Die rollenden Hüftbewegungen der Dame haben schon so manchem Herrn «die Sinne geraubt».

Zeit, Ihren Geist in alle erdenklichen Richtungen schweifen zu lassen, haben Sie in der Rumba reichlich, während die Viervierteltakt-Musik Sie beide von einem Schritt zum anderen treibt. Eher ruhig und mit einer deutlichen Betonung klingt die Rumbamusik. Unverkennbar werden die langsamen Seitwärtsschritte der verschiedenen Tanzfiguren durch diese Betonung angezeigt. Zwei hellere Töne symbolisieren die darauffolgenden schnellen Bewegungen und bilden zugleich mit der ersten Betonung ein harmonisches Klangbild, das sich durch das gesamte Musikstück zieht.

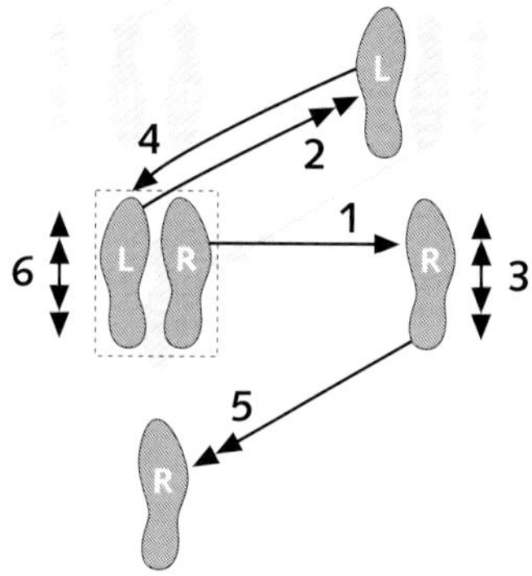

Grundschritt
Herrenschritt

1 rechter Fuß seitwärts
langsam

2 linker Fuß vorwärts
schnell

3 rechten Fuß
am Platz belasten
schnell

4 linker Fuß seitwärts
langsam

5 rechter Fuß rückwärts
schnell

6 linken Fuß
am Platz belasten
schnell

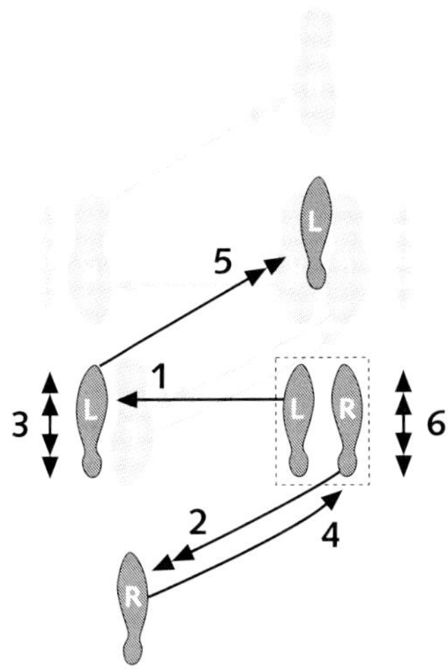

Grundschritt
Damenschritt

1 linker Fuß seitwärts
langsam

2 rechter Fuß rückwärts
schnell

3 linken Fuß
am Platz belasten
schnell

4 rechter Fuß seitwärts
langsam

5 linker Fuß vorwärts
schnell

6 rechten Fuß
am Platz belasten
schnell

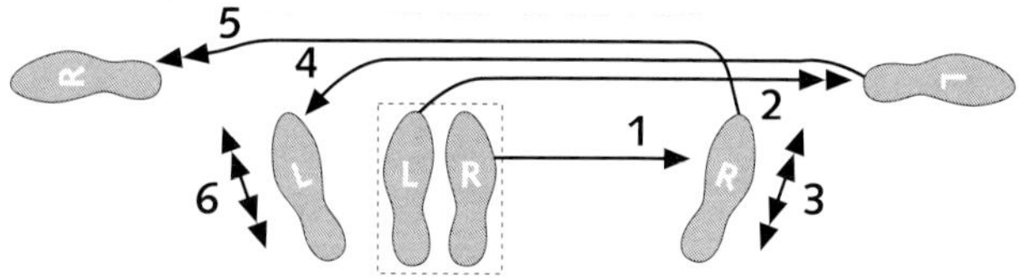

Promenadenschritt

Herrenschritt

1 rechter Fuß seitwärts
langsam

2 linker Fuß vorwärts
(mit 90°-Drehung
nach rechts)
schnell

3 rechter Fuß
rückwärts belasten
(Drehbeginn nach links)
schnell

4 linker Fuß seitwärts
(weiterdrehen)
langsam

5 rechter Fuß vorwärts
(mit 90°-Drehung
nach links)
schnell

6 linker Fuß
rückwärts belasten
(Drehbeginn nach rechts)
schnell

Mit seiner linken Hand – ein kleiner Impuls genügt bereits – führt der Herr die Dame in die Promenadenposition. Geht der zweite Teil der Promenade zur anderen Seite, ist es wieder der Herr, der mit seiner rechten Hand die linke Hand der Dame weiterführt, damit beide in die Promenade vorwärts tanzen können.

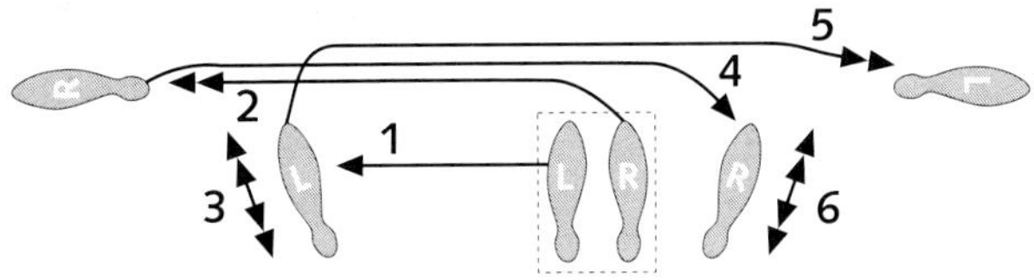

Promenadenschritt
Damenschritt

1 linker Fuß seitwärts
langsam

2 rechter Fuß vorwärts (mit 90°-Drehung nach links)
schnell

3 linker Fuß rückwärts belasten (Drehbeginn nach rechts)
schnell

4 rechter Fuß seitwärts (weiterdrehen)
langsam

5 linker Fuß vorwärts (mit 90°-Drehung nach rechts)
schnell

6 rechten Fuß rückwärts belasten (Drehbeginn nach links)
schnell

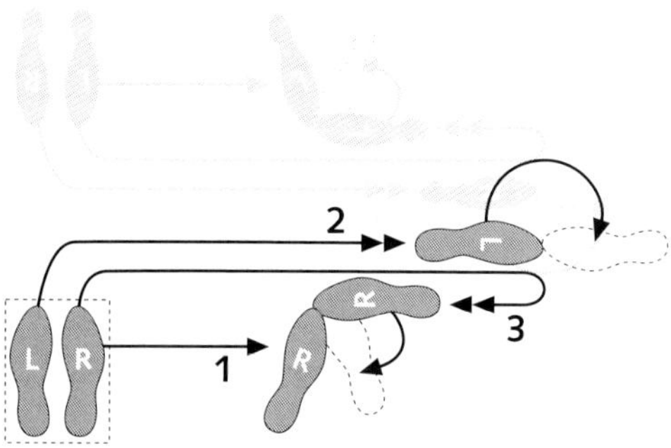

Platzdrehung nach rechts

1 rechter Fuß seitwärts
langsam

2 linker Fuß vorwärts (mit 90°-Drehung nach rechts, starke Drehung auf dem Schritt)
schnell

3 rechter Fuß vorwärts, (weiterdrehen am Platz)
schnell

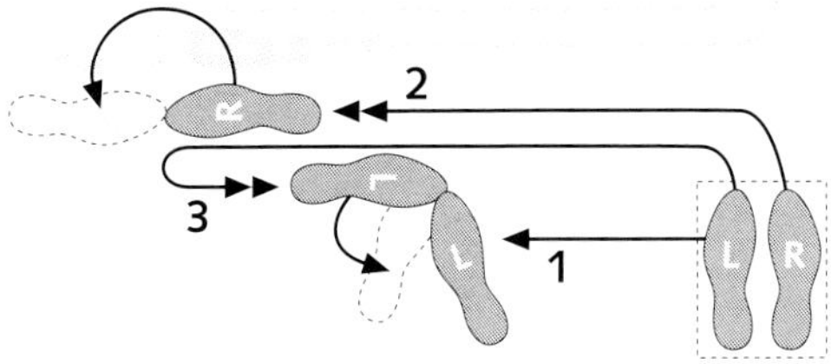

Platzdrehung nach links

1 linker Fuß seitwärts
langsam

2 rechter Fuß vorwärts (mit 90°-Drehung nach links, starke Drehung auf dem Schritt)
schnell

3 rechter Fuß vorwärts (weiterdrehen am Platz)
schnell

Platzdrehungen können von beiden Partnern nach rechts oder links getanzt werden. Dreht sich der Herr nach rechts, so hat die Dame eine Drehung nach links, und umgekehrt.

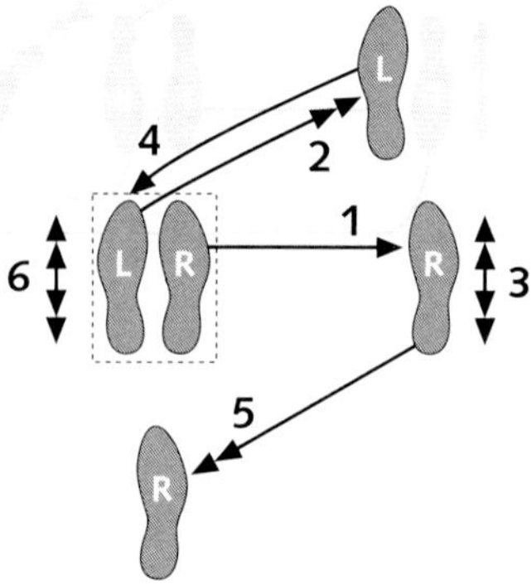

Damensolo
Herrenschritt

1 rechter Fuß seitwärts
langsam

2 linker Fuß vorwärts
schnell

3 rechten Fuß
am Platz belasten
schnell

4 linker Fuß seitwärts
langsam

5 rechter Fuß rückwärts
schnell

6 linken Fuß
am Platz belasten
schnell

Der Herr führt die Dame unter seiner erhobenen linken Hand in eine Platzdrehung nach rechts. Während des vierten Schrittes nimmt er seine linke Hand nach oben, so daß die Dame genügend Platz hat, um durch das so entstandene Händetor hindurchzugehen. Während die Dame ihren fünften Schritt ausführt, unterstützt er sie mit seiner rechten Hand und schiebt ein wenig nach. Am Ende dieses Schrittes führt er eine kreisende Bewegung mit seiner linken Hand um den Kopf der Dame herum aus.

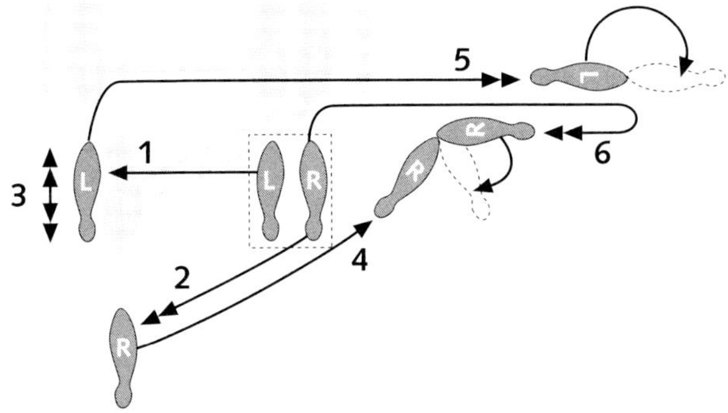

Damensolo

Damenschritt

1 linker Fuß seitwärts
langsam

2 rechter Fuß rückwärts
schnell

3 linken Fuß
am Platz belasten
schnell

4 rechter Fuß seitwärts
langsam

5 linker Fuß vorwärts
(mit 90°-Drehung nach rechts, starke Drehung auf dem Schritt)
schnell

6 rechter Fuß vorwärts
(nach dem Weiterdrehen am Platz belasten)
schnell

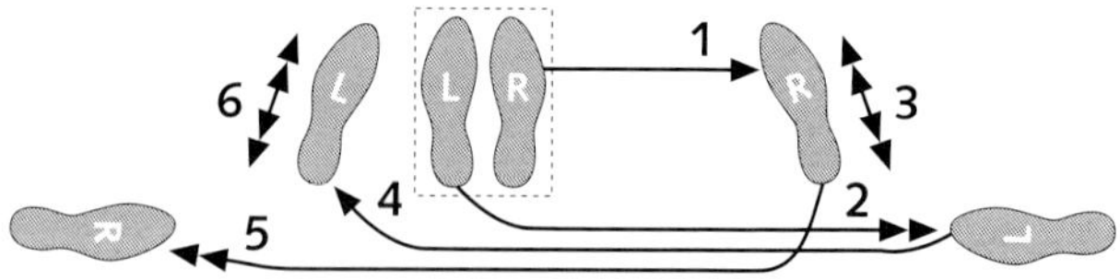

Hand to Hand

Herrenschritt

1 rechter Fuß seitwärts
langsam

2 linker Fuß rückwärts (mit 90°-Drehung nach links)
schnell

3 rechten Fuß am Platz belasten (Drehbeginn nach rechts)
schnell

4 linker Fuß seitwärts (mit 90°-Drehung nach rechts)
langsam

5 rechter Fuß rückwärts (mit 90°-Drehung nach rechts)
schnell

6 linken Fuß am Platz belasten (Drehbeginn nach links)
schnell

Zu Beginn dieser Figur sollte der Herr mit seiner rechten Hand die linke Hand der Dame gefaßt haben. Diese führt er nach vorn, während beide Partner aufdrehen und einen Schritt rückwärts tanzen. Die anderen Hände sind gelöst und können zur Seite mitgeschwungen werden.

Bei Schritt 4 dreht das Paar wieder zueinander. Der Herr nimmt mit seiner linken Hand die rechte Hand der Dame und schwingt diese nach vorn, während beide aufdrehen und einen Rückwärtsschritt tanzen. Die gelösten Hände können erneut zur Seite mitschwingen.

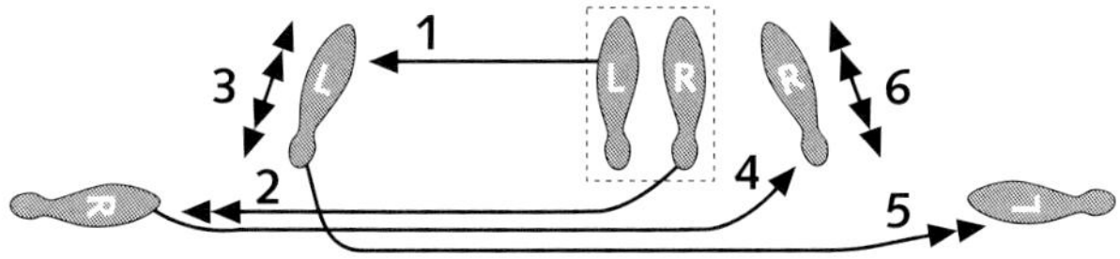

Hand to Hand
Damenschritt

1 linker Fuß seitwärts
langsam

2 rechter Fuß rückwärts (mit 90°-Drehung nach rechts)
schnell

3 linken Fuß am Platz belasten (Drehbeginn nach links)
schnell

4 rechter Fuß seitwärts (mit 90°-Drehung nach links)
langsam

5 linker Fuß rückwärts (mit 90°-Drehung nach links)
schnell

6 rechten Fuß am Platz belasten (Drehbeginn nach rechts)
schnell

Tanzfolgen

Tanzfolge 1

Sie tanzen:
zweimal den Grundschritt, zweimal den Promenadenschritt, zweimal den Grundschritt und zweimal Hand to Hand.

Tanzfolge 2

Sie tanzen:
einen Grundschritt, ein Damensolo, zweimal Hand to Hand, einen Grundschritt, ein Damensolo, eine Platzdrehung nach rechts und eine Platzdrehung nach links.

Seien Sie kreativ

Sie können beliebig viele Grundschritte tanzen und diese leicht nach links drehen. Interessant ist es, wenn Sie nur halbe Promenaden und Hand to Hand's tanzen und diese miteinander verbinden. Eine Platzdrehung nach rechts oder links vor diesen Figuren bringt Schwung und Abwechslung in den Tanz. Seien Sie kreativ, und entdecken Sie, was Ihnen am meisten Spaß macht.

Musikvorschläge

Sacrifice
Elton John
Kokomo
The Beach Boys
Wish you were here
Rednex
Roses of Red
The Kelly Family
In the Ghetto
Elvis Presley

Cha-Cha-Cha

Schnelle Bewegungen sind im Cha-Cha-Cha gefragt. Keck, fast ein wenig aufmüpfig dreht sich die Dame zwischen Hand to Hand und Promenade hin und her. Dieser offene Tanz eignet sich hervorragend zum Flirten.

Cha-Cha-Cha, das heißt Lebensfreude pur mit einem kleinen Hauch Erotik. Das «südländische Blut» kommt in diesem Tanz noch stärker zum Vorschein als bei der Rumba.

Auch der Cha-Cha-Cha zählt zu den Lateinamerikanischen Tänzen und hat seine Wurzeln in Kuba. Als offen getanzter Schritt des Mambo kam er in den fünfziger Jahren zu uns nach Europa und nach Deutschland. Überzeugte die fremd und schwer verständlich klingende Mambomusik den Europäer nicht so recht, war er jedoch vom Cha-Cha-Cha-Schritt begeistert. Viele Elemente aus anderen Tanzarten reihten sich rasch auf die Basis des langsameren Mambo mit Seit-Schluß-Seit-Gerüst ein und verhalfen dem Cha-Cha-Cha zu seiner besonderen Beliebtheit unter allen Lateinamerikanischen Tänzen. In Deutschland entwickelte sich der Cha-Cha-Cha fast zu einem «zweiten Walzer». Hörte man die Älteren vom eleganten und förmlichen Walzer schwärmen, so war es der Cha-Cha-Cha, der vor allem die Jüngeren auf die Tanzfläche zog.

Die Cha-Cha-Cha-Musik unterstreicht durch ihre vielfältigen Rhythmusinstrumente den klaren Viervierteltakt, und geübte Hörer erkennen sogar das typische harte Glockengeräusch. Auf dem vierten Taktschlag eines Taktes und dem ersten Taktschlag des Folgetaktes ist eine deutliche Dreiteilung zu hören. Diese klare Betonung verlangt nach der typischen Cha-Cha-Cha-Bewegung, dem «Seit-Schluß-Seit».

Die Figuren des Cha-Cha-Cha ähneln stark denen der Rumba, die Bewegungen sind jedoch sehr viel schneller. Der Reiz dieses Tanzes liegt in dem schnellen Aufdrehen der Tanzhaltung zu einer Promenade oder einer schwungvollen Platzdrehung. Und mit raffinierten Trickschritten, die beim Cha-Cha-Cha sehr vielfältig sein können, zieht man nicht nur die Zuschauer in seinen Bann.

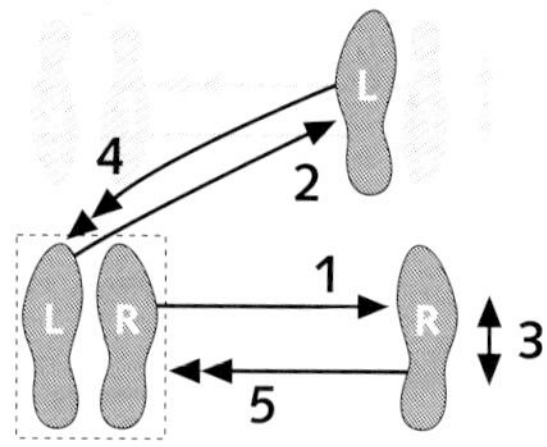

Grundschritt

Herrenschritt

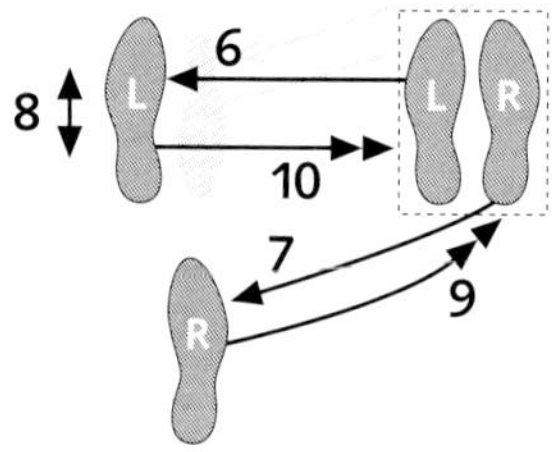

1 rechter Fuß seitwärts
langsam

2 linker Fuß vorwärts
langsam

3 rechten Fuß
am Platz belasten
langsam

4 linker Fuß seitwärts
schnell

5 rechter Fuß schließt
zum linken Fuß
schnell

6 linker Fuß seitwärts
langsam

7 rechter Fuß rückwärts
langsam

8 linken Fuß
am Platz belasten
langsam

9 rechter Fuß seitwärts
schnell

10 linker Fuß schließt
zum rechten Fuß
schnell

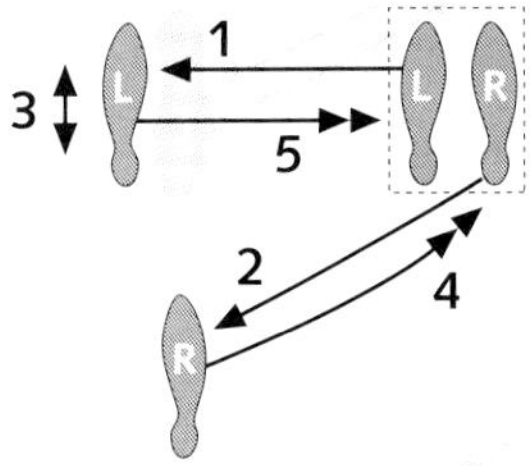

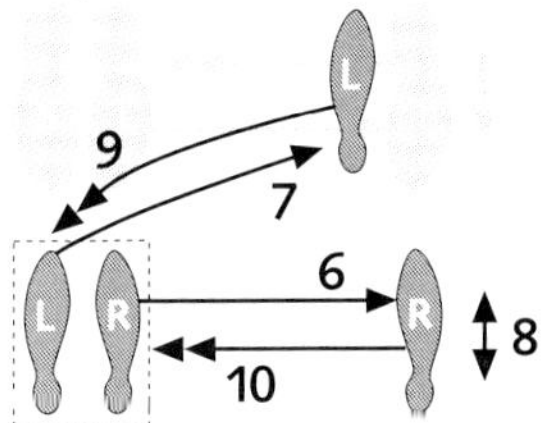

Grundschritt

Damenschritt

1 linker Fuß seitwärts
langsam

2 rechter Fuß rückwärts
langsam

3 linken Fuß
am Platz belasten
langsam

4 rechter Fuß seitwärts
schnell

5 linker Fuß schließt
zum rechten Fuß
schnell

6 rechter Fuß seitwärts
langsam

7 linker Fuß vorwärts
langsam

8 rechten Fuß
am Platz belasten
langsam

9 linker Fuß seitwärts
schnell

10 rechter Fuß schließt
zum linken Fuß
schnell

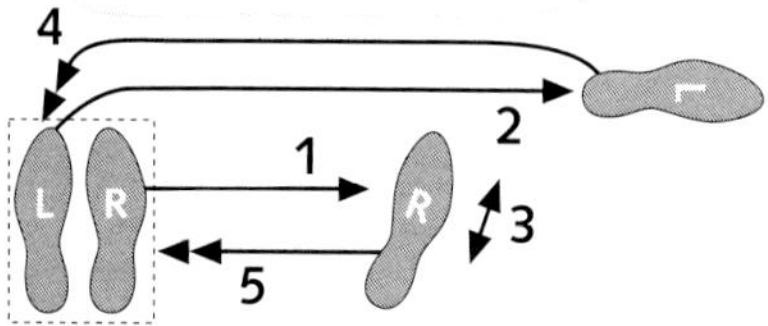

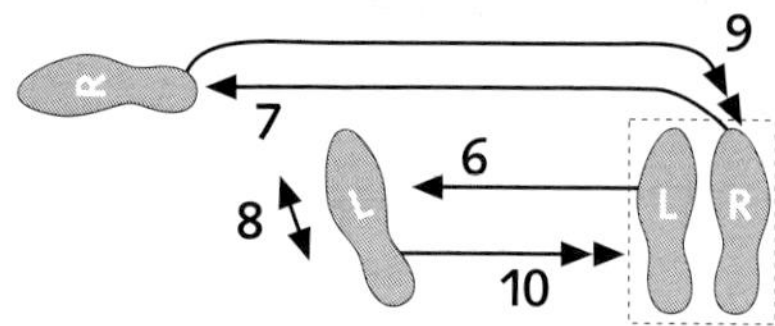

Promenadenschritt
Herrenschritt

1 rechter Fuß seitwärts
langsam

2 linker Fuß vorwärts (mit 90°-Drehung nach rechts)
langsam

3 rechten Fuß am Platz belasten (Drehbeginn nach links)
langsam

4 linker Fuß seitwärts (weiterdrehen)
schnell

5 rechter Fuß schließt zum linken Fuß
schnell

6 linker Fuß seitwärts
langsam

7 rechter Fuß vorwärts (mit 90°-Drehung nach links)
langsam

8 linken Fuß am Platz belasten (Drehbeginn nach rechts)
langsam

9 rechter Fuß seitwärts (weiterdrehen)
schnell

10 linker Fuß schließt zum rechten Fuß
schnell

Auf Schritt 2 führt der Herr die Dame mit seiner linken Hand vorwärts in die Promenade. Über die Schritte 4 und 5 drehen beide Partner zusammen. Der Herr wechselt die Hände, um seiner Partnerin bei Schritt 7 einen deutlichen Impuls für die Promenade zur anderen Seite zu geben.

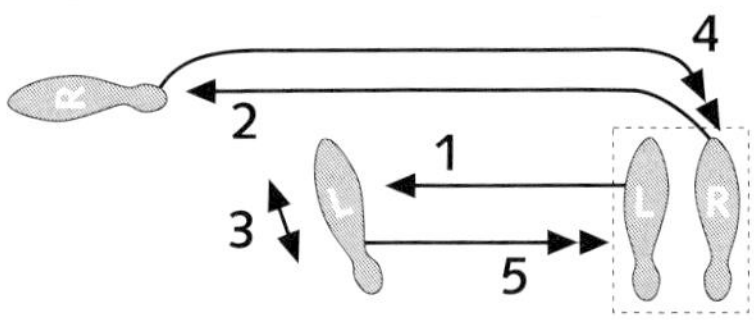

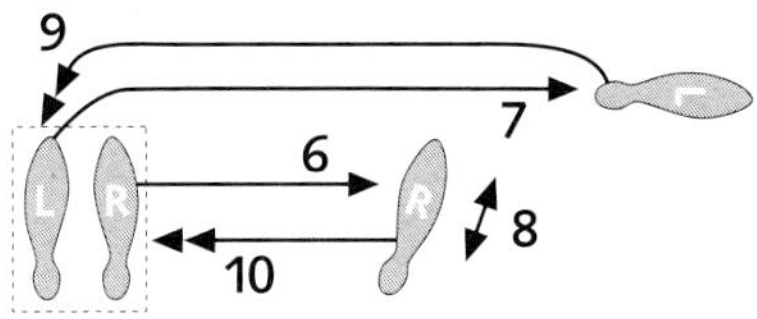

Promenadenschritt

Damenschritt

1 linker Fuß seitwärts
langsam

2 rechter Fuß vorwärts (mit 90°-Drehung nach links)
langsam

3 linken Fuß am Platz belasten (Drehbeginn nach rechts)
langsam

4 rechter Fuß seitwärts (weiterdrehen)
schnell

5 linker Fuß schließt zum rechten Fuß
schnell

6 rechter Fuß seitwärts
langsam

7 linker Fuß vorwärts (mit 90°-Drehung nach rechts)
langsam

8 rechten Fuß am Platz belasten (Drehbeginn nach links)
langsam

9 linker Fuß seitwärts (weiterdrehen)
schnell

10 rechter Fuß schließt zum linken Fuß
schnell

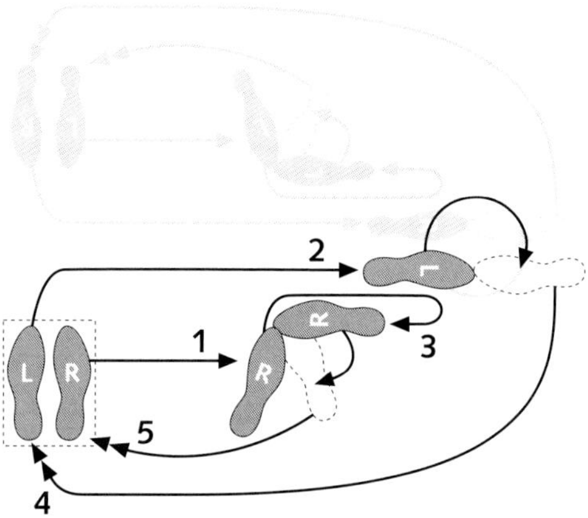

Platzdrehung nach rechts

1 rechter Fuß seitwärts
langsam

2 linker Fuß vorwärts (mit 90°-Drehung nach rechts, starke Drehung auf dem Schritt)
langsam

3 rechter Fuß vorwärts (weiterdrehen am Platz)
langsam

4 linker Fuß seitwärts (weiterdrehen)
schnell

5 rechter Fuß schließt zum linken Fuß
schnell

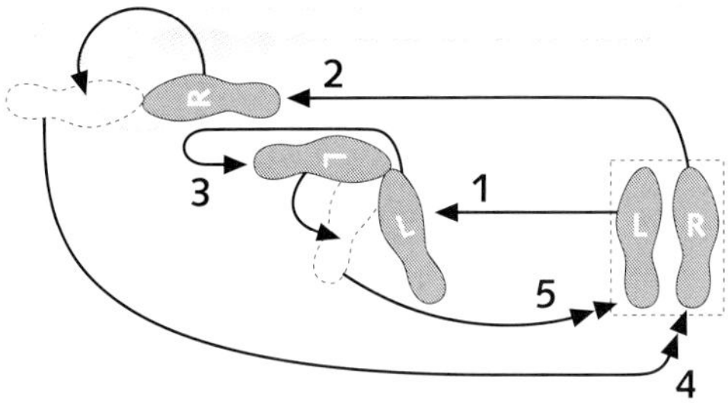

Platzdrehung nach links

1 linker Fuß seitwärts
langsam

2 rechter Fuß vorwärts (mit 90°-Drehung nach links, starke Drehung auf dem Schritt)
langsam

3 linker Fuß vorwärts (weiterdrehen am Platz)
langsam

4 rechter Fuß seitwärts (weiterdrehen)
schnell

5 linker Fuß schließt zum rechten Fuß
schnell

Platzdrehungen können von beiden Partnern getanzt werden. Dreht sich der Herr nach rechts, so dreht die Dame gleichzeitig nach links und umgekehrt. Platzdrehungen bieten eine ideale Ergänzung zu den Figuren «Hand to Hand» und «Promenaden».

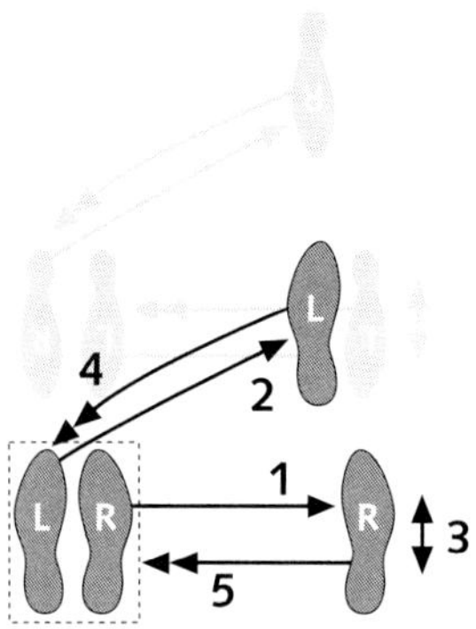

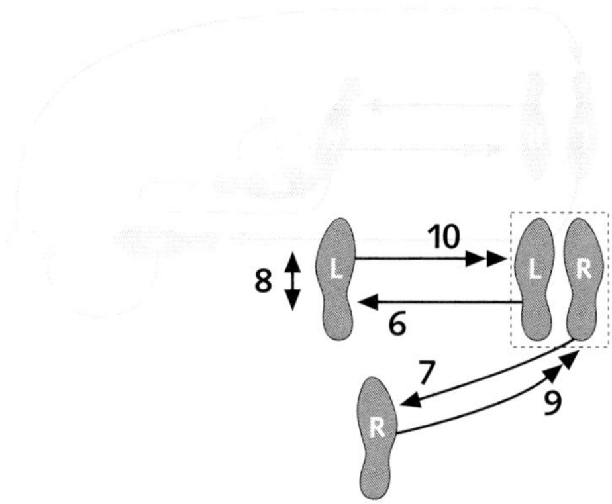

Damensolo

Herrenschritt

1 rechter Fuß seitwärts
langsam

2 linker Fuß vorwärts
langsam

3 rechten Fuß
am Platz belasten
langsam

4 linker Fuß seitwärts
schnell

5 rechter Fuß schließt
zum linken Fuß
schnell

6 linker Fuß seitwärts
langsam

7 rechter Fuß rückwärts
langsam

8 linken Fuß
am Platz belasten
langsam

9 rechter Fuß seitwärts
schnell

10 linker Fuß schließt
zum rechten Fuß
schnell

Der Herr führt die Dame unter den erhobenen Händen in eine Platzdrehung nach rechts. Dazu beginnt er beim sechsten Schritt die linke Hand zu heben und diese gleichmäßig kreisend um den Kopf der Dame herumzuführen. Es können sowohl der «Grundschritt» als auch die «Promenaden» oder das «Hand to Hand» folgen.

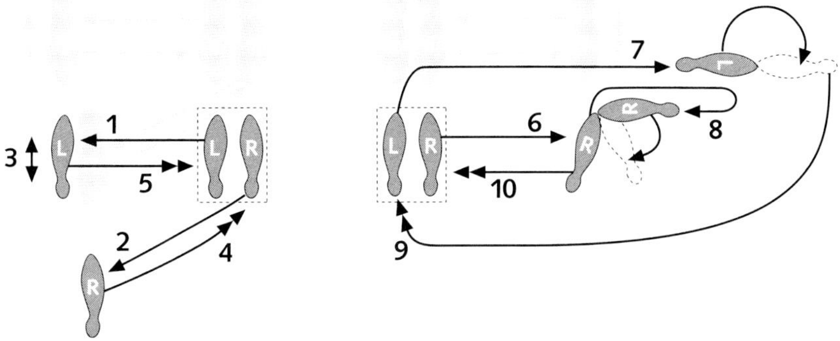

Damensolo

Damenschritt

1. linker Fuß seitwärts
   langsam
2. rechter Fuß rückwärts
   langsam
3. linken Fuß
   am Platz belasten
   langsam
4. rechter Fuß seitwärts
   schnell
5. linker Fuß schließt
   zum rechten Fuß
   schnell
6. rechter Fuß seitwärts
   langsam
7. linker Fuß vorwärts
   (mit 90°-Drehung nach
   rechts starke Drehung
   auf dem Schritt)
   langsam
8. rechten Fuß
   weiterdrehen und
   am Platz belasten
   langsam
9. linker Fuß seitwärts
   (mit 90°-Drehung
   nach rechts)
   schnell
10. rechter Fuß schließt
    zum linken Fuß
    schnell

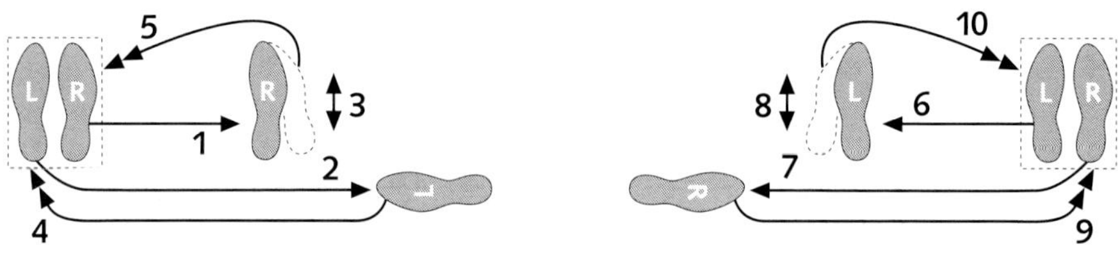

Hand to Hand

Herrenschritt

1 rechter Fuß seitwärts
langsam

2 linker Fuß rückwärts (mit 90°-Drehung nach links)
langsam

3 rechten Fuß am Platz belasten (Drehbeginn nach rechts)
langsam

4 linker Fuß seitwärts (weiterdrehen)
schnell

5 rechter Fuß schließt zum linken Fuß
schnell

6 linker Fuß seitwärts
langsam

7 rechter Fuß rückwärts (mit 90°-Drehung nach rechts)
langsam

8 linken Fuß am Platz belasten (Drehbeginn nach links)
langsam

9 rechter Fuß seitwärts (weiterdrehen)
schnell

10 linker Fuß schließt zum rechten Fuß
schnell

Zu Beginn dieser Figur sollte der Herr mit seiner rechten Hand die linke Hand der Dame ergreifen. Auf Schritt 2 führt er die Hand der Dame nach vorne, während beide Partner aufdrehen und einen Schritt rückwärts tanzen. Die anderen Hände sind gelöst und können zur Seite mitgeschwungen werden. Bei Schritt 4 dreht man wieder zusammen, der Herr nimmt nun mit seiner linken Hand die rechte Hand der Dame und schwingt sie auf Schritt 7 nach vorne, während beide wieder aufdrehen und einen Rückwärtsschritt tanzen. Die anderen Hände sind gelöst und können zur Seite mitgeschwungen werden. Die Bewegung wiederholt sich seitenverkehrt.

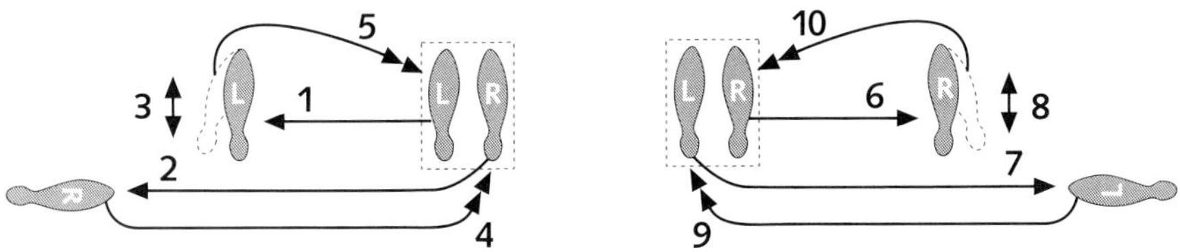

Hand to Hand

Damenschritt

1 linker Fuß seitwärts
langsam

2 rechter Fuß rückwärts (mit 90°-Drehung nach rechts)
langsam

3 linken Fuß am Platz belasten (Drehbeginn nach links)
langsam

4 rechter Fuß seitwärts (weiterdrehen)
schnell

5 linker Fuß schließt zum rechten Fuß
schnell

6 rechter Fuß seitwärts
langsam

7 linker Fuß rückwärts (mit 90°-Drehung nach links)
langsam

8 rechten Fuß am Platz belasten (Drehbeginn nach rechts)
langsam

9 linker Fuß seitwärts (weiterdrehen)
schnell

10 rechter Fuß schließt zum linken Fuß
schnell

Tanzfolgen

Tanzfolge 1

Sie tanzen:
zweimal den Grundschritt, zweimal den Promenadenschritt, zweimal den Grundschritt, zweimal Hand to Hand.

Tanzfolge 2

Sie tanzen:
einmal den Grundschritt, ein Damensolo, zweimal Hand to Hand, einmal den Grundschritt, ein Damensolo, eine Platzdrehung nach rechts und eine Platzdrehung nach links.

Seien Sie kreativ

Der wichtigste Teil des Cha-Cha-Chas sind die drei Seitwärtsschritte. Diese gehen entweder nach rechts oder links. Anschließend können Sie so richtig loslegen, denn nach diesen Seitwärtsschritten paßt jede Platzdrehung oder auch das Damensolo. Dieses läßt sich mit etwas Übung auch zur anderen Seite drehen. Probieren Sie es ruhig erst einmal in Ruhe zu Hause aus, und überraschen Sie dann damit auf der nächsten Tanzfete.

Musikvorschläge

In Private
Dusty Springfield
Oh Pretty Woman
Roy Orbison
Loco in Acapulco
The Four Tops
Smart Man
Harry Belafonte
Meet the Flintstones
Klaus Hallen

Samba

Schließen Sie die Augen, und reisen Sie nach Rio. Sehen Sie die leichtbekleideten Schönheiten mit ihrem fast meterhohen Kopfschmuck, die bei feurigen Samba-Rhythmen Karneval feiern, sich drehen und in einer atemberaubenden Geschwindigkeit mit ihren Hüften wackeln? Tage- und nächtelang wird in den Straßen getanzt. Trommeln, Bongos, Gurken und andere Instrumente geben den Rhythmus an, nach dem sich die Beteiligten wie in Trance bewegen. Auf faszinierende Weise werfen die Tänzerinnen und Tänzer ihren Oberkörper nach vorn und hinten und rollen kokett mit Bauch und Hüften oder springen wie wild auf und ab.

Die Bezeichnung «Samba» stammt aus dem portugiesisch-afrikanischen Wortgebrauch. Ungezügeltes Temperament, verbunden mit Leichtlebigkeit, trafen hier zusammen und ergänzten sich hervorragend. Der Samba ist ursprünglich ein brasilianischer Volkstanz. Schon um circa 1880 bekannt, findet der Samba seine Wurzeln im Maxixe, der brasilianischen Tangoform auf kubanische «Habanera-Musik», und im Baiao, einer typischen Tanzform aus der brasilianischen Küstenstadt Bahia. In Europa tauchte der Samba zwar schon in den zwanziger Jahren auf, verschwand jedoch bald wieder von der Bildfläche. Erst 1948 kam er als Gesellschaftstanz in Europa in Mode, wo er jedoch zunächst als «schamloses Urwaldspektakel» eher mit Skepsis betrachtet wurde. Die ausgeprägten Vor- und Rückwärtsbewegungen des Beckens waren den Herren in Frack oder Smoking doch zu unzüchtig.

Ziemlich schnell wurde die «vulgäre» Urbewegung der «Hexenbeschwörung» in eine wippende Auf- und Abbewegung des Körpers entschärft und der Samba so gesellschaftsfähig gemacht. (Was sicher nicht bekannt war: Das Auf- und Abspringen ist wesentlicher Bestandteil in den Werbetänzen negrider Volksstämme. Männer beweisen damit ihren angebeteten Frauen ihre körperliche Kraft. Haben sich die jungen Mädchen überzeugen lassen, gehen sie selbst in ein mondänes Vorwärts- und Rückwärtsschaukeln des Körpers über. Eine Bewegung, die im Becken beginnt.)

Heute ist der Samba vom Tanzparkett nicht mehr wegzudenken. Getanzt wird der Samba nach einem schnellen Zweivierteltakt mit deutlichem Klangbild. Die typische Samba-Bewegung ist das «Bouncen», eine Auf- und Abbewegung, ausgelöst mit einem Druck durch den Fußballen. Dabei sollte man so locker wie möglich bleiben, und schon erlebt man, vor allem in den Promenadenschritten, ein deutliches Vor- und Rückwärtsschwingen des Beckens.

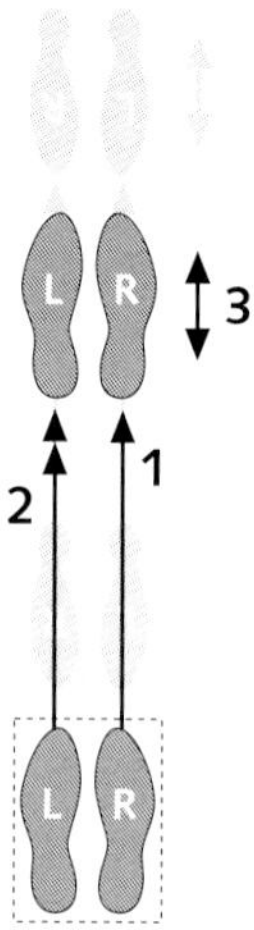

Grundschritt

Herrenschritt

1 rechter Fuß vorwärts
langsam

2 linker Fuß schließt
zum rechten Fuß
schnell

3 rechten Fuß
am Platz belasten
langsam

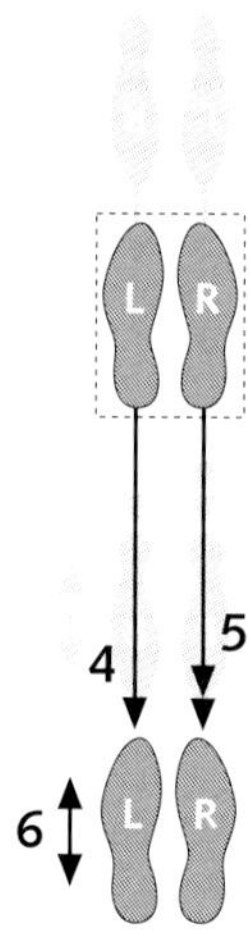

4 linker Fuß rückwärts
langsam

5 rechter Fuß schließt
zum linken Fuß
schnell

6 linken Fuß
am Platz belasten
langsam

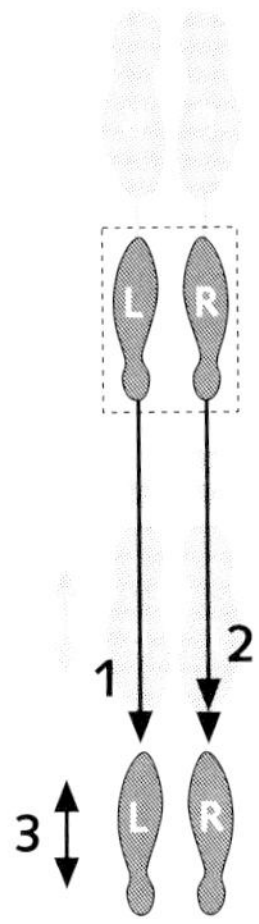

Grundschritt

Damenschritt

1 linker Fuß rückwärts
langsam

2 rechter Fuß schließt
zum linken Fuß
schnell

3 linken Fuß
am Platz belasten
langsam

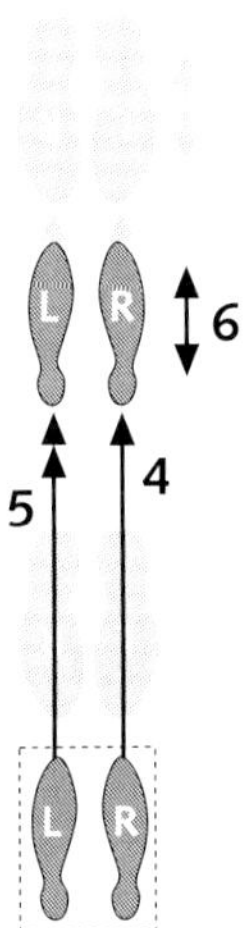

4 rechter Fuß vorwärts
langsam

5 linker Fuß schließt
zum rechten Fuß
schnell

6 rechten Fuß
am Platz belasten
langsam

Eine deutliche Vorwärts- und Rückwärtsbewegung bestimmt diesen Grundschritt. Und Sie haben die Wahl, leicht oder stark nach rechts zu drehen. Variieren Sie ein wenig, lassen Sie Ihrer Phantasie freien Lauf, und halten Sie sich gut aneinander fest.

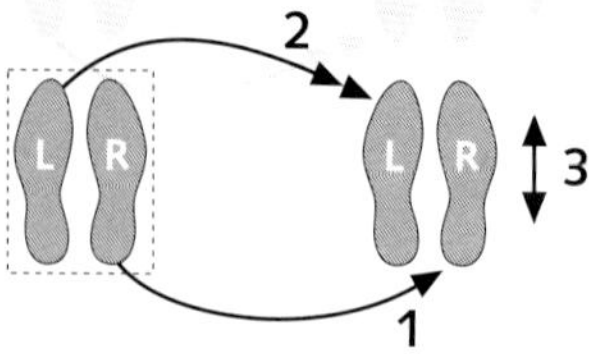

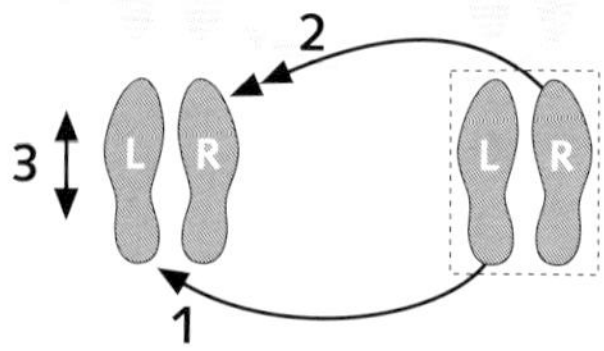

Seitwärtsschritt nach rechts

1 rechter Fuß seitwärts
langsam

2 linker Fuß schließt zum rechten Fuß
schnell

3 rechten Fuß am Platz belasten
langsam

Seitwärtsschritt nach links

1 linker Fuß seitwärts
langsam

2 rechter Fuß schließt zum linken Fuß
schnell

3 linken Fuß am Platz belasten
langsam

Tanzt der Herr einen Seitwärtsschritt nach rechts, führt die Dame automatisch einen Seitwärtsschritt nach links aus – und umgekehrt.

Eine weitere Entwicklung des Seitwärtsschrittes läßt sich im Wisk nach rechts und nach links erkennen. Während dem Beginner der Seitwärtsschritt zu raten ist, sollte der Fortgeschrittene bald den Wisk einsetzen.

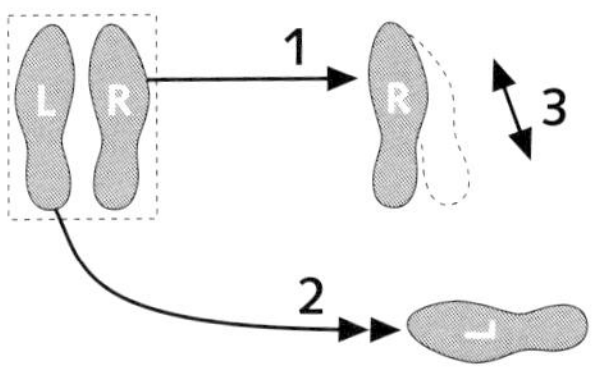

Wisk nach rechts

1 rechter Fuß seitwärts
langsam

2 linker Fuß kreuzt hinter rechtem Fuß
schnell

3 rechten Fuß hochheben und wieder am Platz belasten
langsam

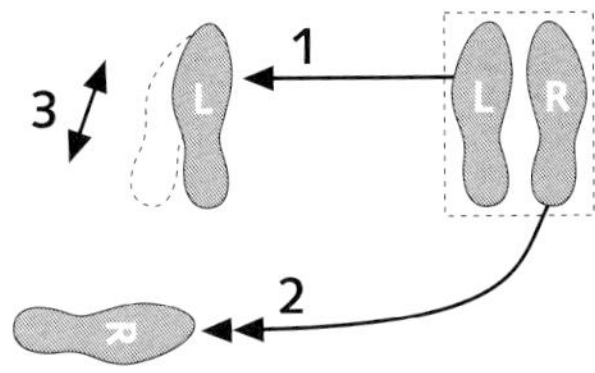

Wisk nach links

1 linker Fuß seitwärts
langsam

2 rechter Fuß kreuzt hinter linkem Fuß
schnell

3 linken Fuß hochheben und wieder am Platz belasten
langsam

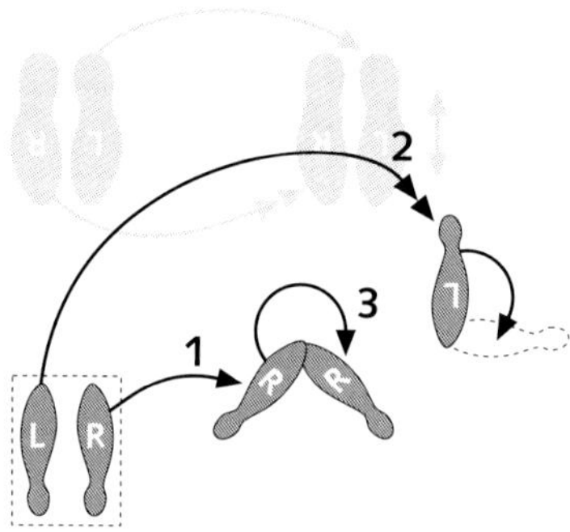

Damensolo nach rechts

Damenschritt

1 rechter Fuß vorwärts (starke Drehung auf dem Schritt) *langsam*

2 linker Fuß seitwärts (weiterdrehen) *schnell*

3 rechten Fuß am Platz belasten *langsam*

Während die Dame eine Damensolodrehung nach rechts, unter den erhobenen Händen, durchführt, tanzt der Herr entweder einen Wisk oder einen Seitwärtsschritt nach links. Statt dieser beiden Varianten ist auch der Schritteil 4, 5 und 6 des Grundschrittes möglich. Das Damensolo sollte von Fortgeschrittenen getanzt werden, für Anfängerinnen empfiehlt sich eher der Seitwärtsschritt oder der Wisk nach links.

Promenaden-seitwärtsschritt
Herrenschritt

1 rechter Fuß vorwärts
langsam

2 linker Fuß seitwärts (mit Teilgewicht)
schnell

3 rechter Fuß rutscht in Richtung des linken Fußes
langsam

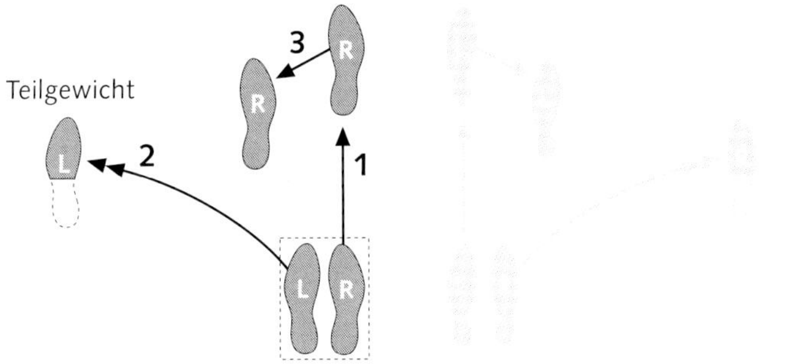

Promenaden-seitwärtsschritt
Damenschritt

1 linker Fuß vorwärts
langsam

2 rechter Fuß seitwärts (mit Teilgewicht)
schnell

3 linker Fuß rutscht in Richtung des rechten Fußes
langsam

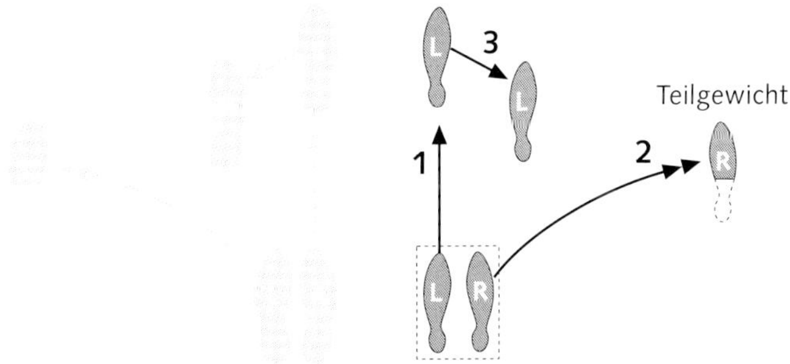

Herr und Dame tanzen auf dem zweiten Schritt schwungvoll zur Seite, die Tanzhaltung öffnet sich leicht, nur noch die linke Hand des Herrn und die rechte der Dame sind gefaßt. Der Herr unterstützt diesen Effekt durch seine Führung auf dem zweiten Schritt; mit beiden Händen schiebt er die Dame in ihre Seitwärtsbewegung. Diese Position wird bis zum Ende des dritten Schrittes gehalten. Beim ersten Schritt der Folgefigur, zum Beispiel einem normalen Promenadenschritt, tanzen beide Partner zusammen und treffen sich in der geschlossenen Tanzhaltung.
Dieser Promenadenseitwärtsschritt dient den sehr fortgeschrittenen Tanzpaaren als Ausgangsbasis für eine ganze Reihe äußerst interessanter und sambatypischer Tanzfiguren.

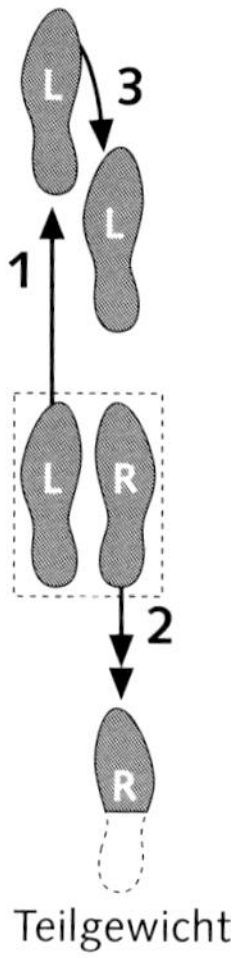

Promenadenschritt,
mit dem linkem Fuß begonnen

1 linker Fuß vorwärts
langsam

2 rechter Fuß rückwärts
(mit Teilgewicht)
schnell

3 linker Fuß
rutscht in Richtung
des rechten Fußes
langsam

Schritte mit Teilgewicht bedeuten, daß Sie nicht ganz, sondern nur zu einem Teil über diesem Fuß stehen. Sie haben einen Druck über die Fußspitze zum Boden. Schritte mit Teilgewicht setzt man ein, um beim nächstfolgenden Schritt etwas nach hinten zu rutschen.

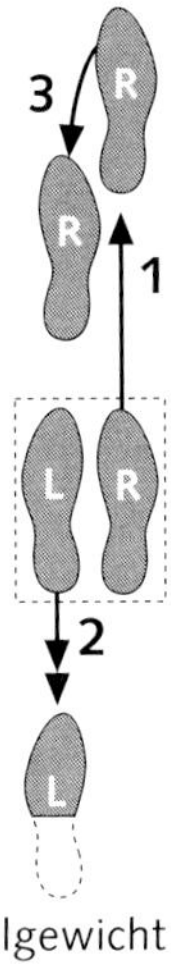

Promenadenschritt, mit dem rechtem Fuß begonnen

1 rechter Fuß vorwärts
langsam

2 linker Fuß rückwärts (mit Teilgewicht)
schnell

3 rechter Fuß rutscht in Richtung des linken Fußes
langsam

Promenaden bilden eine weitere Möglichkeit, ein und denselben Schritt sowohl von der Dame als auch von dem Herrn tanzen zu lassen. Beginnt der Herr eine Promenade mit dem rechten Fuß, dann tanzt die Dame eine Promenade mit dem linken Fuß.

Tanzfolgen

Tanzfolge 1

Sie tanzen:
viermal den Grundschritt und viermal den Seitwärtsschritt.

Tanzfolge 2

Sie tanzen:
viermal den Grundschritt,
dreimal den Wisk,
zweimal einen Promenadenschritt und einen Promenadenseitwärtsschritt und ein Damensolo.

Seien Sie kreativ

Es ergeben sich mehrere Variationsmöglichkeiten. Sie können beliebig viele Grundschritte tanzen, die Sie entweder wenig oder viel drehen. Probieren Sie ruhig auch mal aus, mit dem linken Fuß vorwärts zu beginnen und nach links zu drehen, das bringt Abwechslung. Als Verbindung benutzen Sie Seitschritte, Wisk oder eine Grundschritthälfte.

Musikvorschläge

Brasil
Barry Manilow
Hey Mambo
Barry Manilow
Volare
Gipsy Kings
Half a minute
Matt Bianco
Coffee Song
Paul Kuhn

Jive

Jung, temperamentvoll und fröhlich, das ist Jive. Ein Tanz, der bei jung und alt gleichermaßen beliebt ist. Mit seinem deutlichen Rhythmus erinnert er an die klare Betonung des Rock & Roll und motiviert zu unbeschwerten Bewegungen. Locker federt man in den Knien, die Füße rasen beinahe über das Parkett. Bei diesem Lateinamerikanischen Tanz kann man sich so richtig austoben.

Genauer betrachtet, zählt der Jive zu den Nordamerikanischen Tänzen. Seine Wurzeln liegen im Boogie-Woogie, seinen Ursprung hat er in den Vereinigten Staaten von Amerika.

Der Jive ist eigentlich ein Mischmasch aus verschiedensten Tanzarten. Namen wie «Jitterbug», ebenfalls ein Ableger des Boogie-Woogie und 1940 als Gesellschaftstanz amerikanischer Herkunft zu uns gekommen, tauchen ebenso auf wie «Bebop», der 1945 bekannt wurde. Selbst unser Disco Fox ist in der ein oder anderen Bewegungsform im Jive wiederzufinden. (Unter «Boogie-Woogie» verstand man ursprünglich eine pianistische Begleitung zum Bluesgesang. Durch seine markante, regelmäßig wiederholte Baßbetonung hatte man jedoch den Grundstock für viele Gesellschaftstänze geschaffen.)

Man gerät sofort in Stimmung und beginnt sich zu bewegen, wenn man die rhythmische Musik des Jives im Viervierteltakt hört. Ebenso wie beim Rock & Roll ist die gleichmäßige Betonung auf dem zweiten und vierten Taktschlag zu vernehmen, die sich etwas dumpfer anhört als der erste und dritte Taktteil. Ganz deutlich erkennt man eine Unterbetonung, die auf eine Dreiteilung hinweist. Hier haben wir den Ausgangspunkt für die «Seit-Schluß-Seit»-Bewegung, die in allen Figuren das Grundgerüst des Jive verkörpert. Unterbrochen wird diese Basisbewegung durch einen Wiegeschritt (eine Vorwärts- und Rückwärtsbewegung, auf der man deutliche Führungsimpulse setzt), der die Verwandtschaft zum Rock & Roll und zum Boogie-Woogie erkennen läßt.

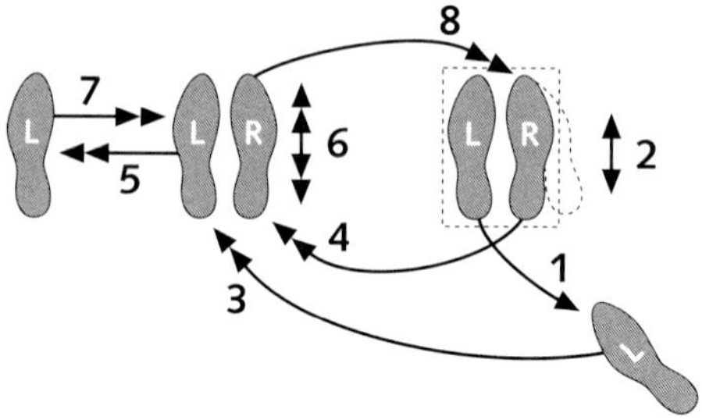

Grundschritt

Herrenschritt

1 linker Fuß rückwärts (mit leichter Linksdrehung) *langsam*

2 rechten Fuß am Platz belasten (mit leichter Rechtsdrehung) *langsam*

3 linker Fuß seitwärts (weiterdrehen) *schnell*

4 rechter Fuß schließt zum linken Fuß *schnell*

5 linker Fuß seitwärts *schnell*

6 rechten Fuß am Platz belassen *schnell*

7 linker Fuß schließt zum rechten Fuß *schnell*

8 rechter Fuß seitwärts *schnell*

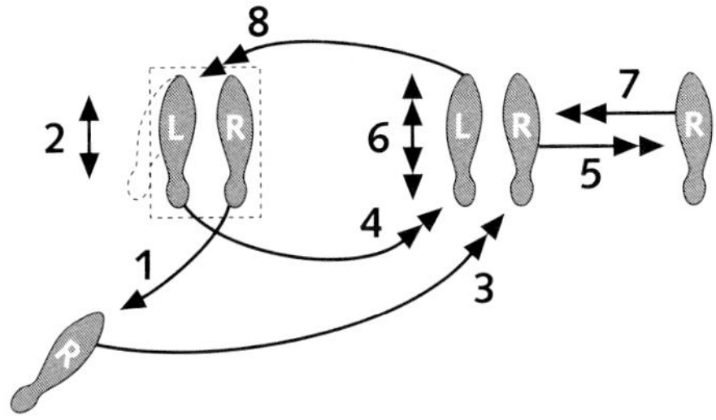

Grundschritt
Damenschritt

1 rechter Fuß rückwärts (mit leichter Rechtsdrehung) *langsam*

2 linken Fuß am Platz belasten (mit leichter Linksdrehung) *langsam*

3 rechter Fuß seitwärts (weiterdrehen) *schnell*

4 linker Fuß schließt zum rechten Fuß *schnell*

5 rechter Fuß seitwärts *schnell*

6 linken Fuß am Platz belasten *schnell*

7 rechter Fuß schließt zum linken Fuß *schnell*

8 linker Fuß seitwärts *schnell*

Eine interessante Figur im Jive ist der *Flirt*. Beide Partner stehen dabei nebeneinander. Die Dame befindet sich an der linken Seite des Herrn. Beide tanzen einen Grundschritt nebeneinander. Da sie mit verschiedenen Füßen beginnen, führt die Bewegung das Paar zusammen und auseinander. Versuchen Sie es einmal, es macht viel Spaß. Am besten kommen Sie in den *Flirt*, wenn Sie vorher ein Damensolo von rechts nach links tanzen. (Das Damensolo wird auf der nächsten Seite beschrieben.)

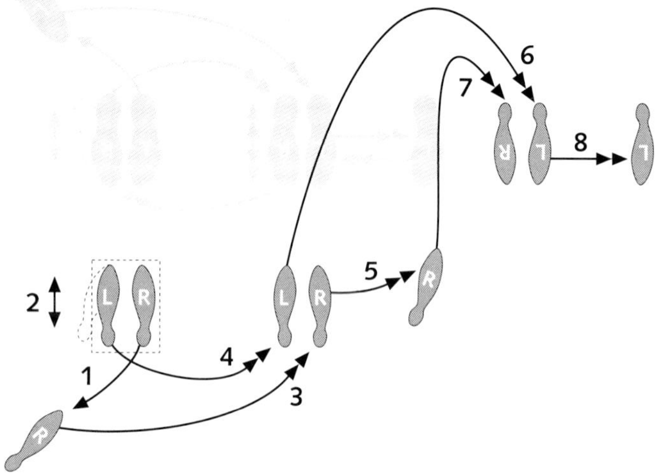

Damensolo von rechts nach links

Damenschritt

1 rechter Fuß rückwärts (mit leichter Rechtsdrehung) *langsam*

2 linken Fuß am Platz belasten (mit leichter Linksdrehung) *langsam*

3 rechter Fuß seitwärts (weiterdrehen) *schnell*

4 linker Fuß schließt zum rechten Fuß *schnell*

5 rechter Fuß seitwärts (starke Drehung nach rechts) *schnell*

6 linker Fuß seitwärts (weiterdrehen) *schnell*

7 rechter Fuß schließt zum linken Fuß *schnell*

8 linker Fuß seitwärts *schnell*

Während des Damensolos tanzt der Herr den Grundschritt. Der Herr führt während der ersten fünf Schritte die rechte Hand der Dame nach oben und lenkt mit seiner rechten Hand die Dame unter den erhobenen Händen in eine Drehung nach rechts. Die Dame dreht über die Schritte 6, 7 und 8 und endet links neben dem Herrn. Beide schauen in dieselbe Richtung.

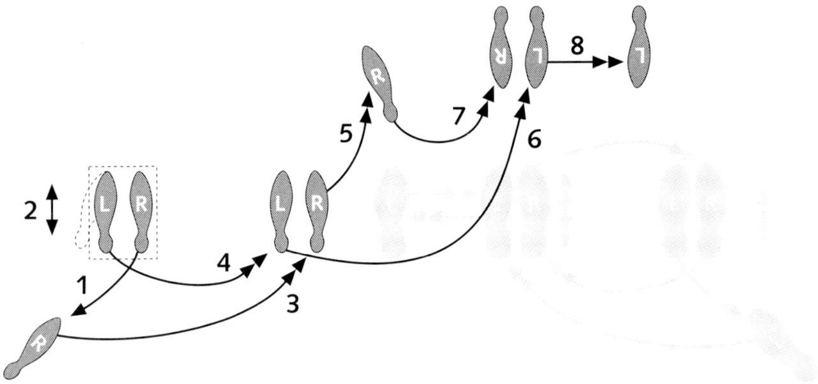

Damensolo von links nach rechts

Damenschritte

1 rechter Fuß rückwärts (mit leichter Rechtsdrehung) *langsam*

2 linken Fuß am Platz belasten (mit leichter Linksdrehung) *langsam*

3 rechter Fuß seitwärts (weiterdrehen) *schnell*

4 linker Fuß schließt zum rechten Fuß *schnell*

5 rechter Fuß seitwärts (starke Drehung nach links) *schnell*

6 linker Fuß seitwärts (weiterdrehen) *schnell*

7 rechter Fuß schließt zum linken Fuß (weiterdrehen) *schnell*

8 linker Fuß seitwärts *schnell*

Diese Figur wird im allgemeinen dazu benutzt, wieder in die geschlossene Tanzhaltung zurückzukommen. Während des Damensolos tanzt der Herr den Grundschritt. Der Herr führt die Dame, welche sich an seiner linken Seite befindet, mit einem Zug seiner linken Hand zu sich heran und nimmt ab Schritt 5 die gefaßten Hände hoch. Die Dame dreht unter den erhobenen Händen über die Schritte 6, 7 und 8 zurück zur normalen Tanzhaltung. Sie dreht nach links.

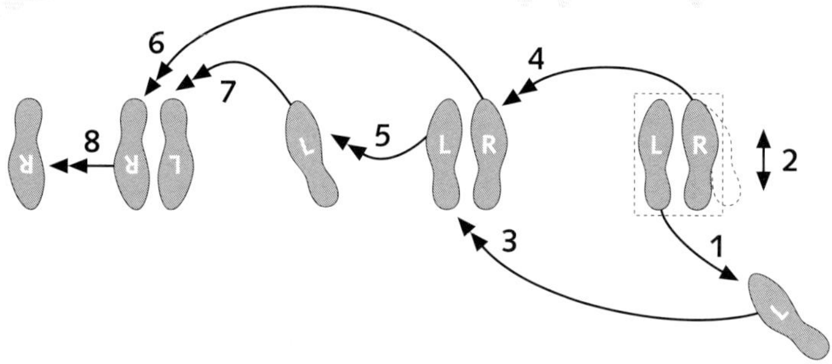

Hand- und Platzwechsel

Herrenschritt

1 linker Fuß rückwärts (mit leichter Linksdrehung) *langsam*

2 rechten Fuß am Platz belasten (mit leichter Rechtsdrehung) *langsam*

3 linken Fuß seitwärts (weiterdrehen) *schnell*

4 rechter Fuß schließt zum linken Fuß *schnell*

5 linken Fuß vorwärts (Drehbeginn nach links) *schnell*

6 rechter Fuß seitwärts (weiterdrehen) *schnell*

7 linker Fuß schließt zum rechten Fuß (weiterdrehen) *schnell*

8 rechter Fuß seitwärts *schnell*

Bei dieser Figur befindet sich die Dame bereits an der linken Seite des Herrn. Beide tanzen aufeinander zu. Beim fünften Schritt nimmt der Herr mit seiner rechten Hand die rechte Hand der Dame – dies ist der Handwechsel. Während der Herr nach links weiterdreht, findet hinter seinem Rücken (über die Schritte 6, 7 und 8) erneut ein Handwechsel statt. Die Dame befindet sich wieder an der linken Seite des Herrn.

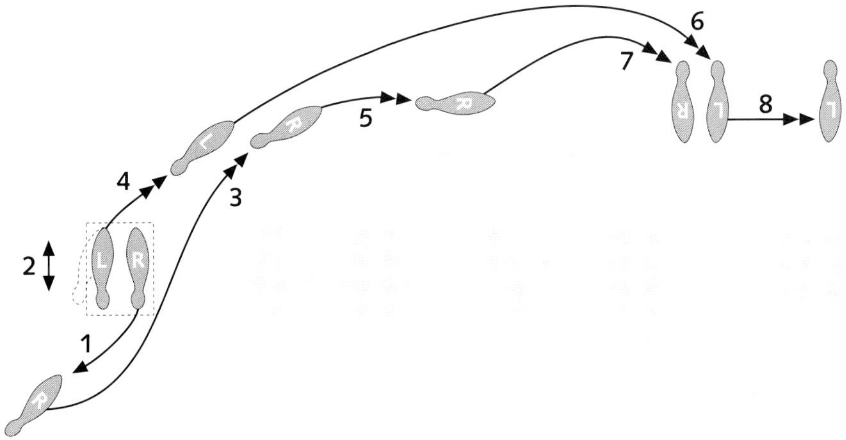

Hand- und Platzwechsel

Damenschritt

1 rechter Fuß rückwärts (mit leichter Rechtsdrehung) *langsam*

2 linken Fuß am Platz belasten (mit leichter Linksdrehung) *langsam*

3 rechter Fuß vorwärts *schnell*

4 linker Fuß schließt zum rechten Fuß *schnell*

5 rechter Fuß vorwärts *schnell*

6 linker Fuß seitwärts (mit 90°-Drehung nach rechts) *schnell*

7 rechter Fuß schließt zum linken Fuß (weiterdrehen) *schnell*

8 linker Fuß seitwärts *schnell*

Die Dame bewegt sich bei dieser Figur um den Herrn herum und verliert ihn nie aus den Augen. Sie dreht über die acht Schritte langsam und stetig eine halbe Drehung nach rechts und endet abschließend an seiner linken Seite, wie zu Beginn dieser Figur.

Tanzfolgen

Tanzfolge 1

Sie tanzen:
zweimal den Grundschritt, ein Damensolo von rechts nach links, zweimal den Grundschritt als Flirt und ein Damensolo von links nach rechts.

Tanzfolge 2

Sie tanzen:
zweimal den Grundschritt, ein Damensolo von rechts nach links, zweimal den Grundschritt als Flirt, zweimal Hand- und Platzwechsel und ein Damensolo von links nach rechts.

Seien Sie kreativ

Sie können selbstverständlich so viele Grundschritte machen, wie Sie mögen. Versuchen Sie, dabei zu drehen, und toben Sie sich richtig aus. Bei schneller Musik können Sie sogar ein wenig auf- und abspringen, während Sie die Schritte 3-4-5 und 6-7-8 tanzen. Mixen Sie den Flirt und die Hand- und Platzwechsel, sooft Sie wollen. Gerade die unorthodoxen Zusammenstellungen machen viel Spaß. Tanzen Sie das Damensolo von links nach rechts, um Ihren Kreationen ein Ende zu setzen.

Musikvorschläge

Rain
Foreigner
The First The Last Eternity
Snap Feat «Summer»
Scatman's World
SCATMAN John
Gold
John Stewart
Flames of Paradise
Jennifer Rush

Paso doble

Sonne, Strand, Meer und braungebrannte, stolze Spanier sollten Sie bei diesem Tanz im Sinn haben. Oder verführerische Andalusierinnen – nicht minder stolz präsentieren diese ihre Weiblichkeit durch anmutige Körperbewegungen, während Sie, vielleicht bei einem Glas Sangria, dem Schauspiel prickelnder Umgarnung zusehen.

Der Paso doble stellt einen Stierkampf dar. Der Herr, in der Rolle des Torreros, schwingt seine «Capa», sein Tuch (das hier von der Dame verkörpert wird), in stolzer Pracht nach links und rechts. Gekonnt biegt er seinen Körper und steht gewaltig im Hohlkreuz. Den eisigen Blick über die linke Schulter gedreht, läßt er das «Opfer» nicht einen Augenblick aus den Augen. Blitzschnell weicht er den gefährlichen Angriffen des (imaginären) Stieres aus, während die Zuschauer mit tosendem Gebrüll den Kämpfer anfeuern. Bizarr und unter steter Muskelspannung zeigt sich der Held von seiner allerschönsten Seite und führt akkurate Körperbeherrschung, gepaart mit waghalsigem Mut, vor.

Nicht minder beeindruckend präsentiert sich die «Capa», die Dame. Mit Selbstbewußtsein und großer Beweglichkeit schwingt sie, geführt vom Herrn, in Damensoli und Promenaden.

Heute zählt der Paso doble zu den Lateinamerikanischen Tänzen, dies war nicht immer so. Sein Ursprung ist in Spanien zu finden. Übersetzt aus dem Spanischen bedeutet Paso doble «Doppelschritt». Als Weiterentwicklung des Onestep, eines aus Amerika kommenden Gesellschaftstanzes, der in den Jahren 1912 bis etwa 1925 gern getanzt wurde und bei uns unter dem Begriff Schieber Fuß faßte, zählt er zu den Marschtänzen. Als Twostep, meist im Zweiviertel- oder Sechsachteltakt gespielt, ist er uns als Paso doble bekannt. Die Geschichte des Paso doble läßt sich jedoch zurückverfolgen bis mindestens 1790. Hier kannte man schon einen französischen Marsch mit Namen «Pas redouble», dessen markante Betonung deutlich an die heutige Paso-doble-Musik erinnert. Dieser Marsch war auch in Spanien bekannt.

Kraftvoll sollten Sie die Tanzschritte setzen, wenn Sie in die spanischen Fußstapfen treten und einen Paso doble tanzen. Ihre gesamte Muskulatur ist stets angespannt.

Das Tempo des Paso doble ist zügig, die Schritte werden dabei gleichmäßig gesetzt. Das Klangbild der Musik läßt eine deutliche Einteilung in zeitliche Abschnitte erkennen, deren Anfänge und Enden so markant betont sind, daß man automatisch zu zählen beginnt: «Eins, zwei, drei, vier, eins, zwei, drei, vier usw.» Diese Phrasierung hat Einfluß auf alle Tanzschritte des Paso doble.

Ab und zu wird zu Anfang einzelner Figuren kräftig auf den Boden gestampft. Der Insider beschreibt diese Aktion als «Appell». Im Stierkampf wird so der Stier zum Angriff aufgefordert.

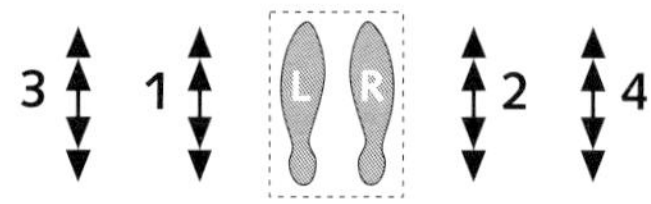

Grundschritt «Sur Place»
Herrenschritt

1 rechten Fuß
am Platz belasten
schnell

2 linken Fuß
am Platz belasten
schnell

3 rechten Fuß
am Platz belasten
schnell

4 linken Fuß
am Platz belasten
schnell

Grundschritt «Sur Place»
Damenschritt

1 linken Fuß
am Platz belasten
schnell

2 rechten Fuß
am Platz belasten
schnell

3 linken Fuß
am Platz belasten
schnell

4 rechten Fuß
am Platz belasten
schnell

Gehschritte
Herrenschritt

1 rechter Fuß vorwärts
schnell

2 linker Fuß vorwärts
schnell

3 rechter Fuß vorwärts
schnell

4 linker Fuß vorwärts
schnell

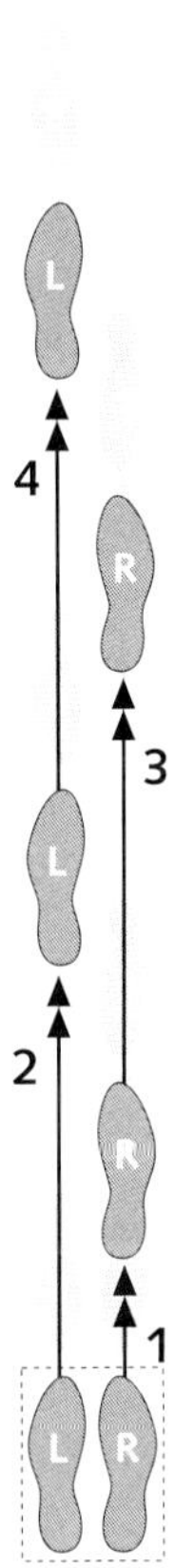

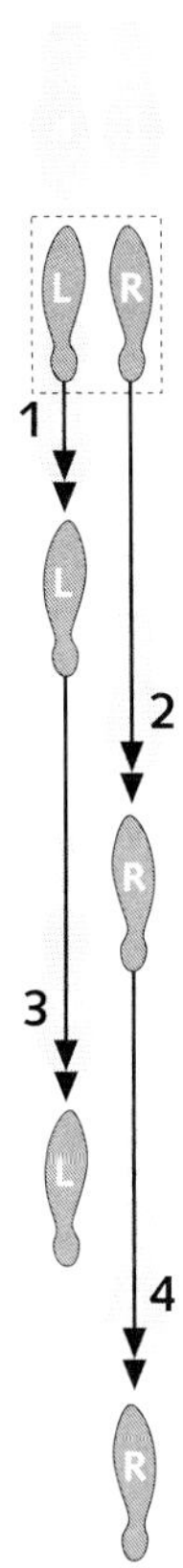

Gehschritte
Damenschritt

1 linker Fuß rückwärts
schnell

2 rechter Fuß rückwärts
schnell

3 linker Fuß rückwärts
schnell

4 rechter Fuß rückwärts
schnell

Die Gehschritte – wie auch die «Sur Place»-Schritte – eignen sich hervorragend, um verschiedene Paso-doble-Figuren zu verbinden. Sie können geradeaus getanzt oder nach rechts und links gedreht werden.

Seitwärtsschritte nach rechts
Herrenschritt

1 rechter Fuß seitwärts
schnell

2 linker Fuß schließt zum rechten Fuß
schnell

3 rechter Fuß seitwärts
schnell

4 linker Fuß schließt zum rechten Fuß
schnell

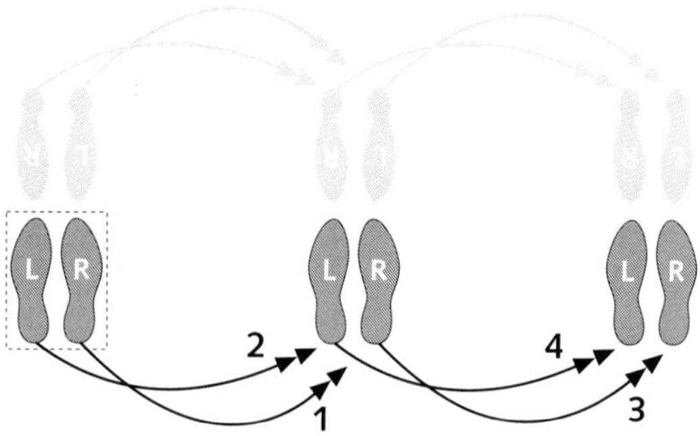

Seitwärtsschritte nach rechts
Damenschritt

1 linker Fuß seitwärts
schnell

2 rechter Fuß schließt zum linken Fuß
schnell

3 linker Fuß seitwärts
schnell

4 rechter Fuß schließt zum linken Fuß
schnell

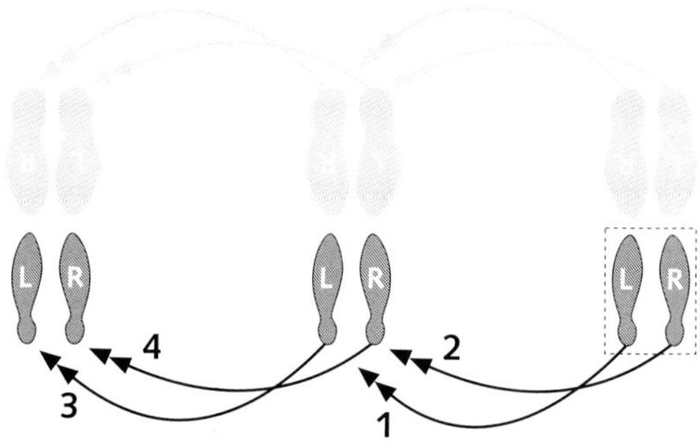

Seitwärtsschritte nach links
Herrenschritt

1 rechten Fuß am Platz aufstampfen (Appell) *schnell*

2 linker Fuß seitwärts *schnell*

3 rechter Fuß schließt zum linken Fuß *schnell*

4 linker Fuß seitwärts *schnell*

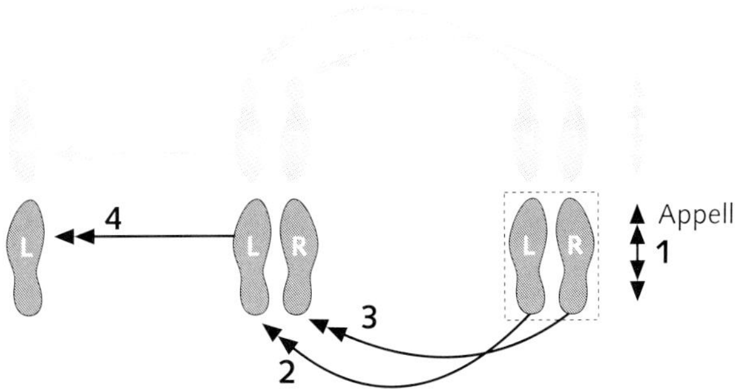

Seitwärtsschritte nach links
Damenschritt

1 linken Fuß am Platz aufstampfen (Appell) *schnell*

2 rechter Fuß seitwärts *schnell*

3 linker Fuß schließt zum rechten Fuß *schnell*

4 rechter Fuß seitwärts *schnell*

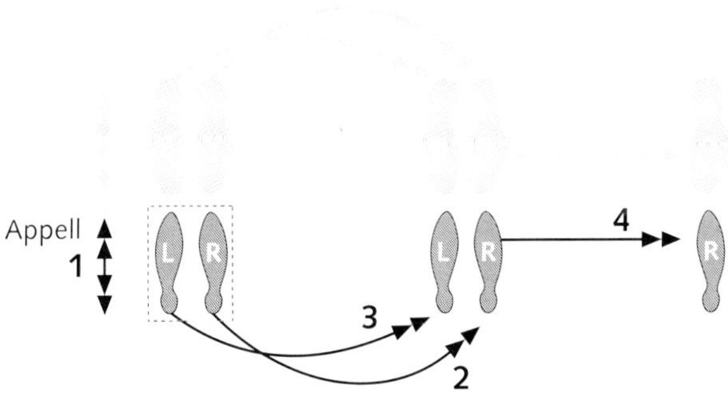

Oft wird der vierte Schritt auch am Platz geschlossen, damit die Tänzer nahtlos in eine weitere Figur übergehen können, zum Beispiel in die Seitwärtsschritte nach rechts.

Promenadenschritt mit Damensolo

Herrenschritt

1 rechten Fuß am Platz aufstampfen (Appell) *schnell*

2 linker Fuß seitwärts (mit leichter Linksdrehung) *schnell*

3 rechter Fuß vorwärts *schnell*

4 starke Drehung auf dem rechten Fuß, gleichzeitig schließt der linke Fuß zum rechten Fuß *schnell*

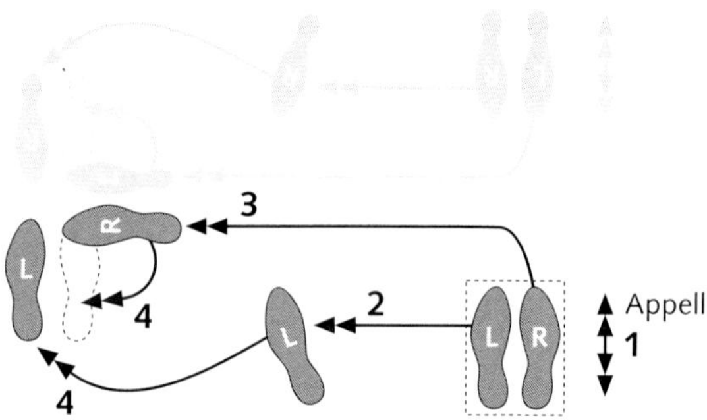

5 rechter Fuß seitwärts *schnell*

6 linker Fuß schließt zum rechten Fuß *schnell*

7 rechter Fuß seitwärts *schnell*

8 linker Fuß schließt zum rechten Fuß *schnell*

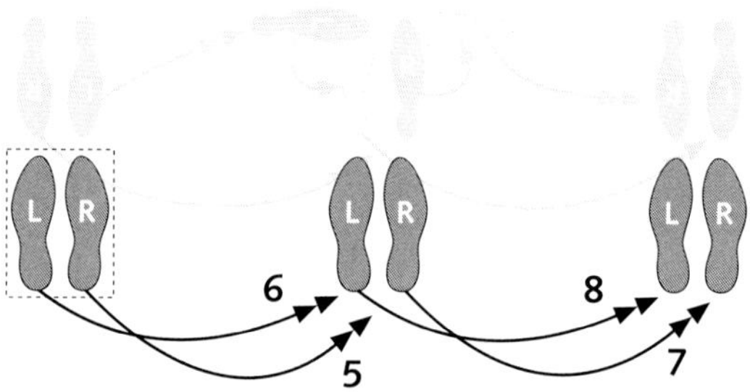

Über die Schritte 5 bis 8 lenkt der Herr seine Dame in ein Damensolo nach links. Um ihr ein deutliches Richtungszeichen zu setzen, führt er die gefaßten Hände zunächst zwischen den Köpfen in Schwungrichtung und anschließend um den Kopf der Dame herum, so daß diese sich gleichmäßig nach links drehen kann.

Bei Schritt 8 nehmen beide Partner wieder die normale Tanzhaltung ein.

Promenadenschritt mit Damensolo

Damenschritt

1 linken Fuß am Platz aufstampfen (Appell)
schnell

2 rechter Fuß seitwärts (mit leichter Rechtsdrehung)
schnell

3 linker Fuß vorwärts
schnell

4 starke Drehung auf dem linken Fuß, gleichzeitig schließt der rechte Fuß zum linken Fuß
schnell

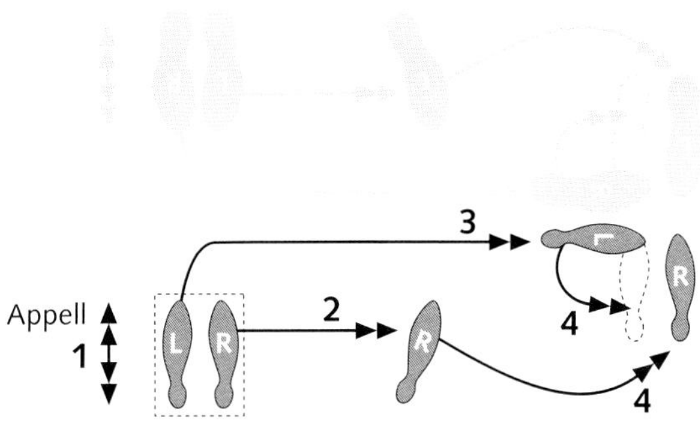

5 linker Fuß seitwärts (mit 90°-Drehung nach links)
schnell

6 rechter Fuß seitwärts (weiterdrehen)
schnell

7 linker Fuß seitwärts (weiterdrehen)
schnell

8 rechter Fuß schließt zum linken Fuß (weiterdrehen)
schnell

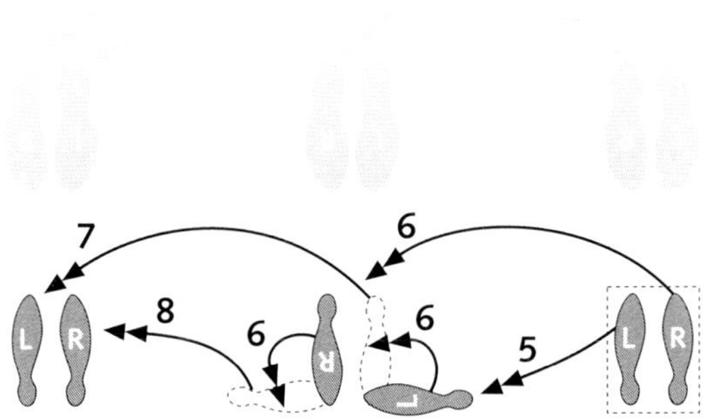

Über die Schritte 5 bis 8 führt die Dame eine Solodrehung unter den gefaßten Händen aus. Ihre Drehrichtung ist nach links.

Bei Schritt 4 bewegen sich beide Partner in einer starken Drehung zueinander. Die Promenadenschritte werden damit abrupt gestoppt – blitzschnell sollte man in der normalen Tanzhaltung stehen. Diese Bewegung verkörpert eine typische Paso-doble-Aktion (Schritt 4).

Trennung
Herrenschritt

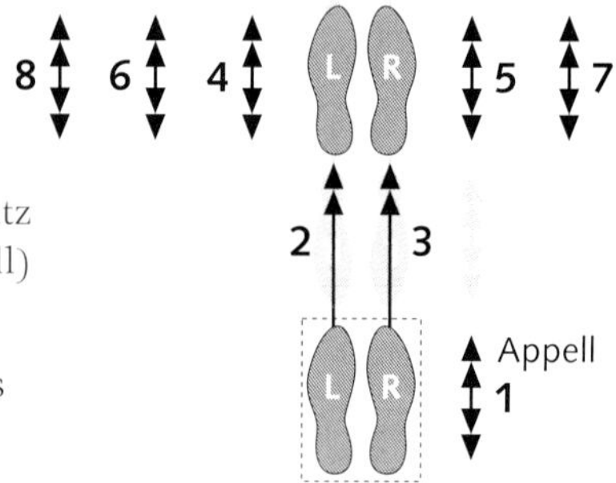

1 rechten Fuß am Platz aufstampfen (Appell)
schnell

2 linker Fuß vorwärts
schnell

3 rechter Fuß schließt zum linken Fuß
schnell

4 linken Fuß am Platz belasten
schnell

5 rechten Fuß am Platz belasten
schnell

6 linken Fuß am Platz belasten
schnell

7 rechten Fuß am Platz belasten
schnell

8 linken Fuß am Platz belasten
schnell

Beim zweiten Schritt nimmt der Herr die gefaßten Hände nach unten und gibt der Dame damit ein Zeichen für die bevorstehende Trennung. Aus der geschlossenen Tanzhaltung entsteht ab Schritt 3 die offene Tanzhaltung. Die Dame entfernt sich mit Schritt 4 noch weiter vom Herrn und hat nur noch Kontakt zu seiner linken Hand. Während der Herr die Schritte 4 bis 8 am Platz (Sur Place) tanzt, kommt sie mit den Tanzschritten 5 bis 8 wieder auf ihn zu. Beide nehmen auf Schritt 8 erneut die normale Tanzhaltung ein.

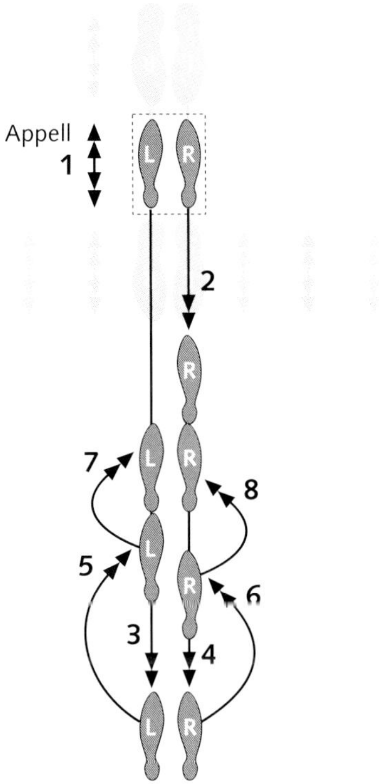

Trennung
Damenschritt

1 linken Fuß am Platz aufstampfen (Appell) *schnell*

2 rechter Fuß rückwärts *schnell*

3 linker Fuß rückwärts *schnell*

4 rechter Fuß schließt zum linken Fuß *schnell*

5 linker Fuß vorwärts *schnell*

6 rechter Fuß vorwärts *schnell*

7 linker Fuß vorwärts *schnell*

8 rechter Fuß schließt zum linken Fuß *schnell*

Tanzfolgen

Tanzfolge 1

Sie tanzen:
vier Platzschritte, vier Gehschritte, Seitwärtsschritte nach links und Seitwärtsschritte nach rechts.

Tanzfolge 2

Sie tanzen:
vier Platzschritte, vier Gehschritte, Seitwärtsschritte nach links, Seitwärtsschritte nach rechts, eine Promenade mit Damensolo und zweimal die Trennung.

Seien Sie kreativ

Da dieser Tanz ursprünglich zu den Marschtänzen zählte, können Sie sich in viele verschiedene Richtungen bewegen. Durch mehrfaches Marschieren in eine Richtung, auch über vier Schritte hinaus, haben Sie viele Möglichkeiten, über die Tanzfläche zu huschen. Schritte am Platz können Sie in beliebiger Anzahl einsetzen, falls es sehr eng auf der Tanzfläche zugeht. Drehen Sie diese Schritte, und greifen Sie mit der folgenden Figur wieder an. Alle oben beschriebenen Figuren beginnen für den Herrn mit dem rechten, für die Dame mit dem linken Fuß. Sie sind untereinander austauschbar und können durch Drehung nach rechts und links den Raumverhältnissen angepaßt werden.

Musikvorschläge

España Cani
Hugo Strasser
Eviva España
Hanna Aroni
Malaguèn
Ernesto Lecuona
The Final Countdown
Klaus Hallen
Dance with death
Werner Tauber

Mambo/Salsa

Seit «Dirty Dancing» (ein Tanzfilm, der 1988 in die Kinos kam und Millionen Menschen begeisterte) ist der Mambo / Salsa in aller Munde. Der Film löste einen wahren Run auf die Tanzschulen aus, jeder will diesem prickelnden Tanzgenuß erliegen. Erotik, Leidenschaft und jugendliche Ungezwungenheit – das verkörpert dieser Tanz, und wer dann noch die unbeschreiblichen Gefühle einer großen Liebe genießt, ist genau in der richtigen Stimmung für den Mambo / Salsa. Mambo und Salsa sind unterschiedliche Worte für ein und dieselben Tanzschritte, dennoch versteht man unter «Salsa» allgemein die schnellere, «heißere» Spielart dieses erotikgeladenen Tanzes.

Der Mambo ist schon seit ungefähr 1948 in Europa bekannt und brachte in seiner langsameren Form den Cha-Cha-Cha hervor. Maßgeblichen Einfluß hatte er auch auf die Samba und die Rumba. Während sich diese Tänze allerdings erfolgreich durchsetzen konnten, versperrte man dem Mambo den Einzug in die Tanzsäle und drängte ihn ins afro-kubanische Ursprungsland zurück. «Dirty Dancing» sprengte alle Türen und Tore und ebnete dem Mambo / Salsa den Weg auf das internationale Tanzparkett.

Die Wurzeln des 1948 bekanntgewordenen Mambos lassen sich bis in die Ursprünge der Tänze mit religiösen, mystischen Zielen zurückverfolgen. Mambo war die Bezeichnung für «Götterbeschwörung», «Hohe Priesterin» und ähnliches. In seiner afro-kubanischen Entstehung verstand man ihn als einen erotischen Werbetanz mit der bestimmenden Bezeichnung «Diabolo».

Der Mambo / Salsa präsentiert sich im Viervierteltakt, der sowohl langsam als auch rasend schnell gespielt sein kann. Im Laufe der Jahre vermischte sich die einstige afro-kubanische Musik mit Jazz und Swing, und es entstand eine starke Betonung auf dem zweiten und vierten Taktschlag. Die Musik ist der der Samba ähnlich, die Tanzschritte erinnern stark an die Kubanische Rumba. Im Mambo / Salsa werden Vorwärts-, Rückwärts- und Seitwärtsschritte schnell ausgeführt und, ähnlich wie in der Rumba, als Wiegeschritte präsentiert. Mit einem langsamen Schritt, den Fuß am Platz belastend, kehrt Ruhe zwischen den schnellen Bewegungen ein, und man gelangt in die Grundstellung zurück.

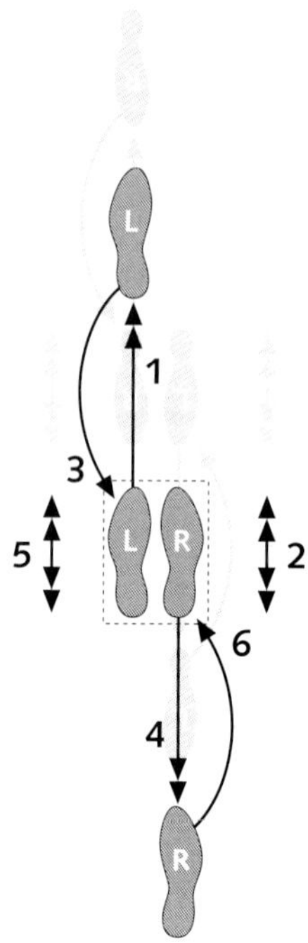

Grundschritt
Herrenschritt

1 linker Fuß vorwärts
schnell

2 rechten Fuß
am Platz belasten
schnell

3 linker Fuß schließt
zum rechten Fuß
langsam

4 rechter Fuß rückwärts
schnell

5 linken Fuß
am Platz belasten
schnell

6 rechter Fuß schließt
zum linken Fuß
langsam

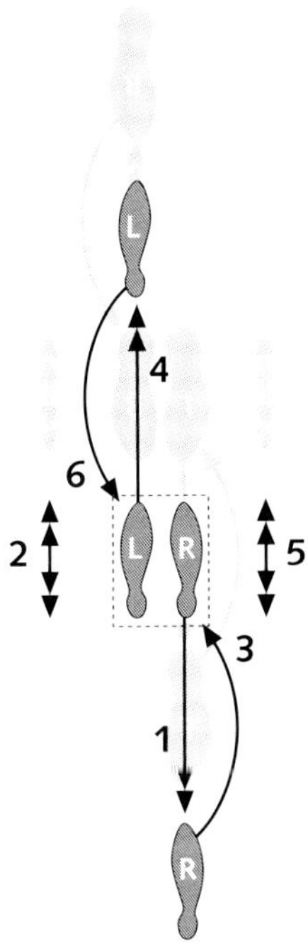

Grundschritt
Damenschritt

1 rechter Fuß rückwärts
schnell

2 linken Fuß
am Platz belasten
schnell

3 rechter Fuß schließt
zum linken Fuß
langsam

4 linker Fuß vorwärts
schnell

5 rechten Fuß
am Platz belasten
schnell

6 linker Fuß schließt
zum rechten Fuß
langsam

Dieser Grundschritt kann wenig oder viel gedreht werden. Empfehlenswert ist hier eine Linksdrehung. Einen schönen Effekt erzielen Sie bei diesem Grundschritt, wenn Sie sich beide nebeneinander aufstellen und mit demselben Fuß beginnen. Reizvoll ist es auch, wenn der Herr die normale Tanzhaltung auflöst. Er nimmt dazu die linke Hand nach oben und schiebt die Dame gleichzeitig in eine Drehung unter den erhobenen Händen nach rechts. Die Dame tanzt dabei ihren Grundschritt.

Übrigens, je langsamer Sie dies «Damensolo» ausführen, desto erotischer ist die Wirkung!

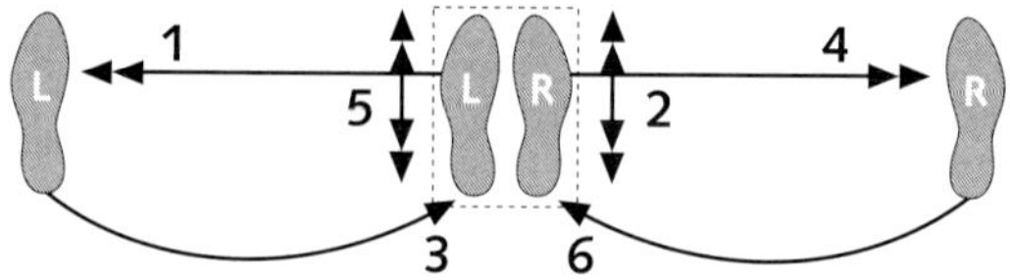

Seitwärtsschritt
Herrenschritt

1 linker Fuß seitwärts
schnell

2 rechten Fuß
am Platz belasten
schnell

3 linker Fuß schließt
zum rechten Fuß
langsam

4 rechter Fuß seitwärts
schnell

5 linken Fuß
am Platz belasten
schnell

6 rechter Fuß schließt
zum linken Fuß
langsam

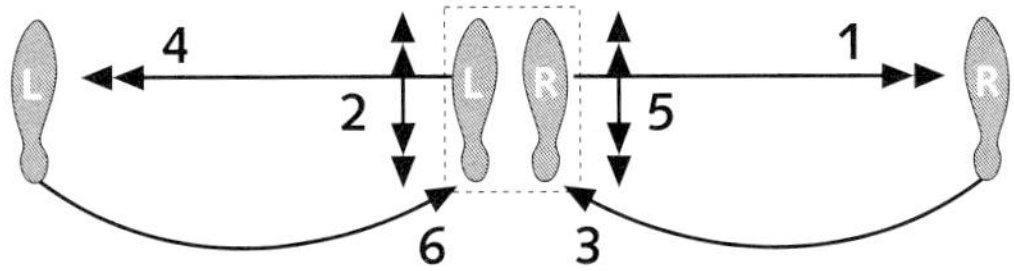

Seitwärtsschritt
Damenschritt

1 rechter Fuß seitwärts
schnell

2 linken Fuß
am Platz belasten
schnell

3 rechter Fuß schließt
zum linken Fuß
langsam

4 linker Fuß seitwärts
schnell

5 rechten Fuß
am Platz belasten
schnell

6 linker Fuß schließt
zum rechten Fuß
langsam

Der Herr sollte ruhig bleiben und die Dame mit beiden Händen an der Taille fassen und ihr dabei entschlossen in die Augen schauen. Die Dame legt ihre Hände auf die Schultern des Herrn und weicht keinen Augenblick seinen feurigen Blicken aus. Diese Figur wird oft «hautnah» getanzt – lassen Sie sich verführen.

Kreuz-Körper-Führung

Herrenschritt

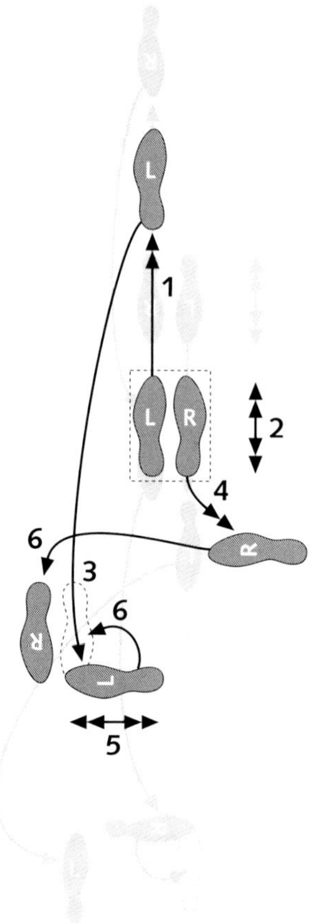

1 linker Fuß vorwärts
schnell

2 rechten Fuß
am Platz belasten
(Drehbeginn nach links)
schnell

3 linker Fuß seitwärts
(weiterdrehen)
langsam

4 rechter Fuß rückwärts
schnell

5 linken Fuß
am Platz belasten
(Drehbeginn nach links)
schnell

6 rechter Fuß schließt
zum linken Fuß
(weiterdrehen auf
beiden Füßen)
langsam

Der Herr führt die Dame mit beiden Händen von rechts nach links. Da sie auf Schritt 3 und 4 Vorwärtsschritte tanzen soll, braucht sie einen energischen Impuls. Eine scharfe Drehung nach links am Ende der Figur benötigt einen weiteren Führungsimpuls. Der Herr schiebt stark mit seiner rechten Hand nach und hält die Dame beim letzten Schritt fest.

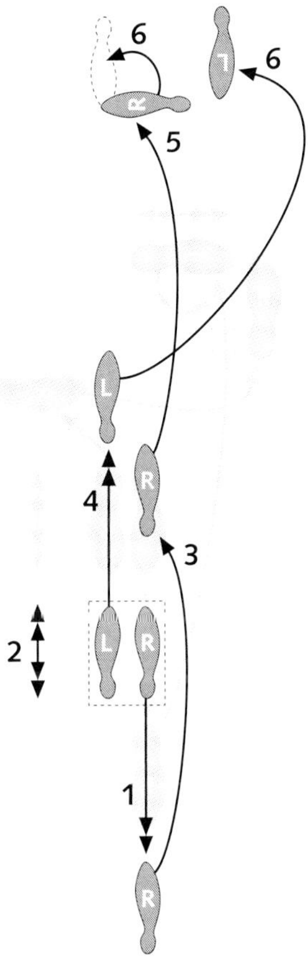

Kreuz-Körper-Führung
Damenschritt

1 rechter Fuß rückwärts
schnell

2 linken Fuß
am Platz belasten
schnell

3 rechter Fuß vorwärts
langsam

4 linker Fuß vorwärts
schnell

5 rechter Fuß seitwärts
(Drehbeginn nach links)
schnell

6 linker Fuß schließt
zum rechten Fuß
(weiterdrehen auf
beiden Füßen)
langsam

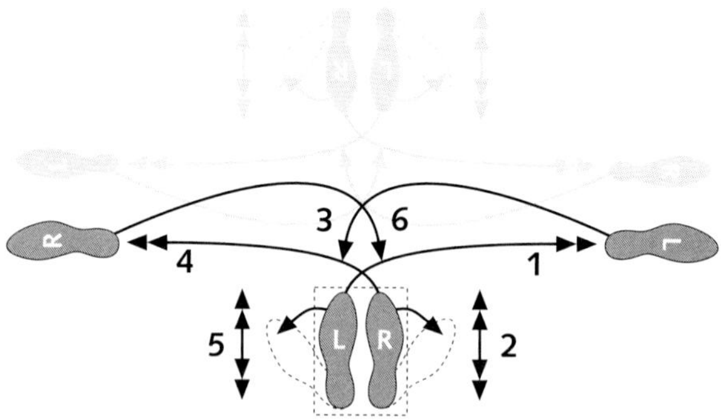

Promenadenschritt

Herrenschritt

1 linker Fuß vorwärts (mit 90°-Drehung nach rechts)
schnell

2 rechten Fuß rückwärts belasten (Drehbeginn nach links)
schnell

3 linker Fuß schließt zum rechten Fuß (weiterdrehen)
langsam

4 rechter Fuß vorwärts (mit 90°-Drehung nach links)
schnell

5 linken Fuß rückwärts belasten (Drehbeginn nach rechts)
schnell

6 rechter Fuß schließt zum linken Fuß (weiterdrehen)
langsam

Das Besondere im Mambo/Salsa sind zackige und abrupte Bewegungen. Der Herr löst auf Schritt 1 seine rechte Hand von der Dame. Während er nach rechts aufdreht und den ersten Schritt vorwärts setzt, drückt er mit seiner linken Hand und dem linken Unterarm den rechten Unterarm und die rechte Hand der Dame gleichzeitig nach unten. Ein rassiger Eindruck entsteht dadurch, daß der Herr und die Dame gleichzeitig den anderen Unterarm und die Hand in derselben Richtung nach unten schwingen. Mit dem «Rückwärtsbelasten» des zweiten Schrittes schwingen Unterarme und Hände nach oben. Während des Zusammendrehens auf Schritt 3 wechselt der Herr den Griff und nimmt mit seiner rechten Hand von oben die linke Hand der Dame. Das gleiche Führungsspiel beginnt nun seitenverkehrt.

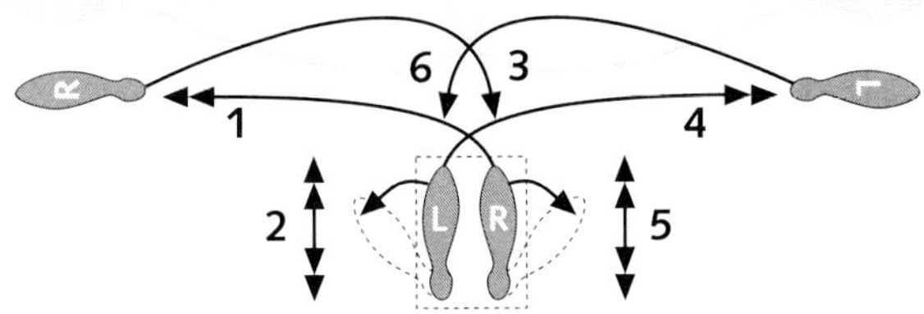

Promenadenschritt
Damenschritt

1 rechter Fuß vorwärts
(mit 90°-Drehung
nach links)
schnell

2 linken Fuß
rückwärts belasten
(Drehbeginn nach rechts)
schnell

3 rechter Fuß
schließt zum linken Fuß
(weiterdrehen)
langsam

4 linker Fuß vorwärts
(mit 90°-Drehung
nach rechts)
schnell

5 rechten Fuß
rückwärts belasten
(Drehbeginn nach links)
schnell

6 linker Fuß
schließt zum rechten
Fuß (weiterdrehen)
langsam

Tanzfolgen

Tanzfolge 1

Sie tanzen:
zweimal den Grundschritt, zweimal den Seitwärtsschritt und zweimal den Promenadenschritt.

Tanzfolge 2

Sie tanzen:
zweimal den Grundschritt, zweimal den Promenadenschritt, zweimal den Grundschritt, zweimal den Seitwärtsschritt und zweimal die Kreuz-Körper-Führung.

Seien Sie kreativ

Das Tanzschrittmuster des Mambo / Salsa sind zwei schnelle Schritte und ein langsamer Schritt am Platz. Hier kehrt Ruhe ein, und zu diesem Ausgangspunkt Ihrer Bewegung kommen Sie immer wieder zurück.

Dann können Sie vielfältig variieren. Haben Sie als Herr den linken Fuß frei, gehen Sie entweder in den Grundschritt, den Seitwärtsschritt, die Kreuz-Körper-Führung oder den Promenadenschritt. Falls Sie den rechten Fuß frei haben, begeben Sie sich in den vierten Schritt dieser Figuren. Falls Sie es schaffen, Ihrer Kreation einen ruckartigen und schnellen Bewegungscharakter zu geben (Hand- und Armführung), haben Sie die Ursprünglichkeit dieses «heißen» Tanzes voll umgesetzt.

Musikvorschläge

Mambo
Perry Como
Hey Mambo
Barry Manilow
Time of my Life
«Dirty Dancing»
Mambo, Mambo
Mambo Kings
Salsa
Tanzplatte / Salsa

Wo Sie tanzen können

Wer tanzen will, muß nicht auf die nächste Hochzeit oder den obligatorischen Faschingsball warten, es gibt viele gesellige Möglichkeiten.

Über die Stadtverwaltungen sind Gastronomieführer und Kulturheftchen zu erhalten. Hierin finden Sie Gesellschaftsveranstaltungen mit Tanz. Auch die örtlichen Medien informieren darüber, meist unter der Rubrik «Veranstaltungen» oder «Nachtschwärmer», wo etwas los ist.

Oder Sie rufen in einer Tanzschule an. Man berät Sie sicher gern, auch wenn Sie kein potentieller Kunde sind und nur eine Auskunft über ein gemütliches Tanzlokal haben möchten. Tanzschulen kennen die Tanzszenc – nützen Sie diesen Vorteil für sich.

Vielleicht haben Sie auch Lust bekommen, weiterzumachen? Oder Sie wollen wieder einsteigen? Ihre Tanzschule bietet ein umfangreiches Sortiment an, ganz gleich, ob Tanzkurs, Privattanzstunde oder Übungsmöglichkeiten. Neben Beginner- und Fortgeschrittenenkursen gibt es verschiedene Spezialkurse wie: Boogie, Rock & Roll, Disco Fox, Mambo / Salsa, Tango Argentino und Hochzeitskurse bis hin zu Hobbytanzkursen und -kreisen, in denen Sie nette Leute kennenlernen und in Geselligkeit Ihrem Alltag entfliehen können. Lassen Sie sich beraten. Spaß machen auch die Übungsabende und speziellen Tanzveranstaltungen, die jede Tanzschule anbietet. Fragen Sie nach, und genießcn Sie das erotische Spiel und den Spaß, den Sie beim Tanzen haben können.

(Im Anhang auf Seite 190 finden Sie Kontaktadressen, an die Sie sich wenden können, um mehr über Tanzmöglichkeiten zu erfahren.)

Anhang

Figurenverzeichnis

Fachausdrücke kurz erklärt

Achsendrehung starke Drehung auf einem Bein (siehe Links- und Rechtsachsendrehung)

ADTV private Tanzlehrervereinigung in Deutschland

Appell kräftiges Aufsetzen des Fußes (im Paso doble), am Anfang zahlreicher Tanzfiguren zu finden

Ausfallschritt Bezeichnung für einen größeren Schritt, auf den ein besonderer Akzent gesetzt wird (der Fechterterminologie entlehnt)

Baiao sambaähnlicher Tanz aus Brasilien (Stadt Bahia), bekannt seit ungefähr 1950

Bandoneon typisches Musikinstrument für den Tango, akkordeonähnlich

Bebop aus den 40er Jahren bekannter Jazzstil, der Einfluß auf einen

Boogie-ähnlichen Tanzstil hatte

Boogie-Woogie Bezeichnung für einen Jazzstil, später Sammelbezeichnung für verschiedene Jazztänze

bouncen sambatypische Auf- und Abbewegung, ausgelöst durch einen Druck des Fußballens und ein Abfedern in den Knien

Capa das «Rote Tuch» aus dem Stierkampf, seine Schwingbewegung ist wesentliche Grundlage für Paso-doble-Figuren

Chassé Folge von drei aufeinanderfolgenden Schritten, meist seitwärts getanzt

Damensolo Solodrehung der Dame unter der erhobenen Hand des Herrn

Diabolo kubanische Bezeichnung für Mambo

Dreh-Paartanz Paartanz, der überwiegend drehende, walzende Elemente hat

Dreher Volkstanz aus dem Alpenland (siehe Ländler oder Landerer)

Drehung Bewegung um einen Punkt oder um eine Achse herum

Dreivierteltakt nähere Musikbezeichnung, bei der ein Takt aus drei Schlägen besteht (siehe Takt)

DTV Deutscher Tanzsport-Verband

English Waltz andere Bezeichnung für Langsamer Walzer

Flirt Tanzfigur beim Jive, man kommt sich keck näher

geschlossene Tanzhaltung die rechte Hand und die linke Hand befinden sich mit dem Tanzpartner in fester Verbindung. Der Kreislauf im Tanzpaar ist geschlossen (siehe offener und geschlossener Tanz)

geschlossener Tanz meist Standardtänze, geschlossene Tanzhaltung

Grundschritt Basis für den Tanz

Gurke lateinamerikanisches Rhythmusinstrument

Habanera afro-kubanischer Tanz, nach der kubanischen Stadt Havanna benannt, Basis für Rumba- und Tangotanzarten

Hustle amerikanischer Disco Fox, unterscheidet sich im Tip-Schritt von dem hier bekannten Disco Fox

Jitterbug in den 30er Jahren entwickelter Tanz auf Swing- und Boogie-Musik

Körbchendrehung Tanzfigur beim Rock & Roll, bildet die Basis für Führung und Drehung, fortgeschrittenerer Tanzfiguren

Kreuz-Körper-Führung Grundfigur beim Mambo/Salsa, bei der der Herr die Dame von seiner rechten zu seiner linken Seite führt

Kreuzschritt eine Art Chassé-Schritt, bei dem der zweite Schritt eingekreuzt wird

Ländler auch Landerer genannt; ursprünglich ein langsamer Dreher im Dreiviertel- oder Dreiachteltakt. Oft wurde beim zweiten Taktteil kräftig auf den Boden gestampft

Lateinamerikanischer Tanz meistens ein Tanz afro-kubanischer Abstammung bzw. ein Tanz, der in seiner Tanzform den typischen afro-kubanischen Tänzen ähnlich ist (Paso doble und Jive)

Lindy Hop akrobatisch getanzter Vorläufer von Jitterbug, Boogie-Tanzarten, Jive und Rock & Roll aus den 20er Jahren

Linksachsendrehung Einschrittdrehung nach links (siehe Achsendrehung)

Linksdrehung Tanzfigur, nach links gedreht, meist Basis für weitere, linksgedrehte Tanzfiguren

Milonga aus der Umgebung Montevideos / Uruguay stammender schiebender Tanz (ca. 1860), der erheblich den Tango beeinflußte

offene Tanzhaltung die Tänzer halten mehr Abstand, entweder eine Hand oder beide Hände sind gelöst

offener Tanz Tanz, bei dem die Tanzhaltung geöffnet wird, meist ein Lateinamerikanischer Tanz

Onestep ein um ca. 1908 aus den USA kommender Tanz, der den späteren Schiebertänzen zum Durchbruch verhalf

Pas redouble alter französischer Infanteriemarsch im Zweivierteltakt, der schon 1790 bekannt war

Pendelschritt Ausruhschritt beim Wiener Walzer, auch zur Verbindung von Rechtsdrehung und Linksdrehung geeignet

Phrasierung Unterteilung eines Musikstückes in klar erkennbare, aufeinanderfolgende Einzelteile

Platzdrehung Drehung an der Stelle; Tanzfigur bei Rumba, Cha-Cha-Cha und Samba

Platzschritt Schritt an der Stelle, gebräuchliche Bezeichnung für Tanzschritt beim Paso doble, abgeleitet aus dem französischen «Sur Place»

Promenade Aufklappen der geschlossenen Tanzhaltung zu einem V, Herr nach links, Dame nach rechts gedreht, beide Tanzpartner bewegen sich gleichzeitig vorwärts

Promenadenschritt gebräuchliche Bezeichnung für Tanzfiguren, bei denen eine Promenade erkennbar ist

Promenadenseitwärtsschritt Samba-Figur mit ursprünglichem Seitwärtsrutschcharakter, Tanzhaltung kann sich lösen

Rechtsachsendrehung Einschrittdrehung nach rechts (siehe Achsendrehung)

Rechtsdrehung Drehung nach rechts, bildet die Basis für viele rechtsgedrehte Figuren

Rund-Paartanz drehende Paartanz, wurde durch die schiebenden Tänze etwas zurückgedrängt

Schieber Tanz, der eine Reihe von Folgetänzen (z. B. Foxtrott, Disco Fox) durch seine geradlinige Tanzbewegung (vorwärts / rückwärts) maßgeblich beeinflußte, schon um 1870 bekannt

Schritt mit Teilgewicht der Ausführende steht nicht vollkommen über seinem Fuß. Stellen Sie sich eine senkrechte Linie vor, die Schwerkraft wirkt von oben nach unten und trifft dort auf den Boden, Ihr Fuß jedoch steht außerhalb dieser Senkrechten. Findet hauptsächlich in Samba-Figuren Anwendung

Schritt-Schluß abschließender Teil verschiedener Tanzschritte

Schwäbischer spezielle, lokale Bezeichnung eines Drehers / Ländlers

Sechsachteltakt Spielart eines Musikstückes, findet im Paso doble Anwendung sowie in verschiedenen ländlichen Tanzarten (siehe Takt)

Seit-Schluß abschließender Teil verschiedener Tanzschritte, von der Bewegungsrichtung her seitwärts gehend

Seit-Schluß-Seit drei Schritte mit Seitwärts-Charakter (siehe Chassé)

Slow Fox Standardtanz im Viervierteltakt, der seit den 30er Jahren langsamer getanzt wird. Ist als typischer Tanz «englischen Stils» bekannt

Square- oder Carré-Rumba eine ältere Rumbatanzart, die sehr an Foxtrott- und Walzerschritte erinnert, seit den 30er Jahren bekannt

Standardtanz ein vom «englischen Stil» bestimmter Tanz. Zurückgehend auf die von England festgelegten Tänze (seit 1929) Langsamer Walzer, Slow Foxtrott, Quickstep, Tango und, nach dem Zweiten Weltkrieg, Wiener Walzer

Sur Place Bezeichnung beim Paso doble für Platzschritte

Swing in den 30er Jahren nach dem Jazz entstandene Musikspielart, stark durch Orchesterspielart beeinflußt

Swingtanz Standardtänze, die durch Schwung gekennzeichnet sind (Foxtrott und Quickstep)

Takt eine Zeiteinheit in einem Musikstück, mit betonten und unbetonten Schlägen, die sich regelmäßig wiederholt

Teutscher ältere Bezeichnung für den schnellen Dreivierteltakt-Walzer

Tip oder Tap Aufsetzen des Fußes, ohne ihn zu belasten

Trennung Tanzfigur beim Paso doble, bei der beide Partner mehr Abstand zueinander bekommen, sich gewissermaßen trennen

Twostep ein schiebender Tanz, um 1906 aus Amerika kommend, der später für den Quickstep Bedeutung hat

Übergang Verbindungsfigur zwischen Rechts- und Linksdrehung; kommt beim Langsamen Walzer und beim Wiener Walzer vor

VDT private Vereinigung deutscher Tanzlehrer und Tanzschulen

Viervierteltakt nähere Tanzmusikbezeichnung, der Takt besteht aus vier Taktschlägen (siehe Takt)

walzen sinngemäß für drehen

Wiegeschritt Vor- und Rückwärtsbelasten der Füße am Platz, spezielle Tanzschrittbezeichnung beim Tango

Wisk Samba-Tanzfigur, die zur Seite geht, während ein Fuß hinter den anderen schwingt, ähnlich der Scheibenwischerbewegung im Auto

Zeitmaß das Tempo für einen Bewegungsablauf oder Schritt

Zweivierteltakt nähere Musikbezeichnung, der Takt besteht aus zwei Taktschlägen (siehe Takt)

Kontaktadressen

Hier erhalten Sie die «Einzähl-Musik» (siehe Seite 9):

May Records
Konrad-Witz-Str. 16
68163 Mannheim
Telefon: 06 21/41 12 00
Fax: 06 21/41 16 40

Hallen Records
Am Zollbrett 1
41363 Jüchen-Wallrath
Telefon: 0 21 82/40 06/40 07
Fax: 0 21 82/43 16

Wenn Sie mehr über weitere Tanzmöglichkeiten erfahren möchten, wenden Sie sich an:

ADTV
Allgemeiner Deutscher Tanzlehrer Verband
Geschäftsstelle
Postfach 61 05 03
22455 Hamburg
Telefon: 0 40/5 55 44 49
Fax: 0 40/5 52 15 40

VDT
Vereinigung deutscher Tanzlehrer und Tanzschulen
Markt 16 – 19
53721 Siegburg
Telefon: 02241/61474
Fax: 02247/912734

DTV
Deutscher Tanzsport-Verband, Geschäftsstelle
Robert-Koch-Str. 1 – 3
63263 Neu-Isenburg
Telefon: 06102/33931
Fax: 06102/33914

Swiss Dance
Verband der schweizerischen Tanzlehrer
Geschäftsstelle
Eichtalhöhe 8
CH-5400 Baden
Telefon: 004156/2212381
Fax: 004156/2216248

VTÖ
Verband der Tanzlehrer Österreichs
Schönbrunner Str. 249
A-1120 Wien
Telefon: 00431/81555880
Fax: 00431/81555884

Zögern Sie nicht, falls Sie eine Frage haben – schreiben Sie mir:

Kurt Braunmüller
Stichwort: Tanzen
Postfach 23
86465 Welden

Quellennachweis der Abbildungen

Seite 12/13 Tony Stone/David Stewart
Seite 32/33 Bilderberg/Peter Ginter
Seite 48/49 Bilderberg/Klaus Bossemeyer
Seite 58/59 Bilderberg/Renate v. Forster
Seite 74/75 Bilderberg/Renate v. Forster
Seite 87 Bongarts
Seite 98/99 Bilderberg/Peter Ginter
Seite 114/115 Bilderberg/Till Leeser
Seite 130/131 Bilderberg/Michael Ende
Seite 144/145 Hulton Getty
Seite 156/157 Bilderberg/Till Leeser
Seite 170/171 Bilderberg/Karol Kallay

Literaturnachweis

Stuber, Herbert und Ursula (Hg.): Wörterbuch des Tanzsports. München 1990

Der Autor

Kurt Braunmüller, Jahrgang 1959, war lange Jahre Profitänzer. Ausgebildet und geprüft nach den Bestimmungen des ADTV, ist er seit 1980 Leiter und Inhaber einer Tanzschule in Süddeutschland und hat bisher über 100 000 Menschen das Tanzen gelehrt. 1991 begann er mit der Ausbildung von Tanzlehrern. 1994 trat er in die VDT ein. 1995 gründete er den BVDT, einen internationalen Berufsverband für Tanzlehrer.

Außerdem erschienen:
- Tanzen: Lateinamerikanische Tänze für Fortgeschrittene (rororo 61032)
- Tanzen: Standardtänze für Fortgeschrittene (rororo 61036)